咖啡与茶
超时空系列

老子与亚

U0513851

'Αριστοτέλης

幻境论道

⊙瑀 欣 编著

上海古籍出版社

值得一走的时空之旅

　　咖啡，陪伴着多少西方大师畅想著书；清茶，陪伴着多少中国大师冥思立说。一东一西相距万里，前前后后时隔数千年，大师们彼此未曾谋面，但当他们跨越时空来到一起，绝妙的精神裂变瞬间爆发！那些莫名的意识巧合、揪心的情感抒发、睿智的观念冲撞、销魂的词藻往来……将沉眠于固态的心灵彻底融化！智慧荡漾于星际之间、情感振颤于地轴两端。来吧，放下尘世的万般纠结，去走一趟大师级的时空跨越之旅……

——底　谓

目　录

时空穿越从这里开始

时空穿梭者: 任时光飞逝,我探索真知。《星际时空旅游指南》指引我来到地球时间两千年前的欧亚大陆,找到两位高人,老子和亚里士多德。我赶到雅典,幸运地从愤怒的人群手中救下亚里士多德,将他带到老子隐居的长安终南山中。

老子头戴天青混元巾,身穿长袖法衣,足蹬镶金云履,腰配三尺慧剑,左手持鹿尾拂尘,右手套海东阴阳环,白眉微翘,吐纳舒展,端坐莲台上。亚里士多德身穿赭色长袍,手握竹杖,腰系宽带,脚踏草鞋,在我们面前往来踱步,若有所思。

亚里士多德: 难道是我错了吗? 他们为什么要降罪于我?

时空穿梭者: 他们告你什么呢?

亚里士多德: 不敬神。是不是我说了什么雅典人不愿意听的话? 我不过是在吕克昂学院(Λύκειον)研究我学生收集来的珍奇异兽和古代典籍而已。

时空穿梭者: 你有没有说什么惹人生气的话?

亚里士多德: 吾爱吾师,但吾更爱真理。

时空穿梭者心想,亚里士多德(Ἀριστοτέλης,公元前384年至前322年）树大招风，肯定是他的想法得罪了有权有势的人。这个斯塔吉拉（Στάγειρα）人自打18岁到雅典（Αθήνα）随柏拉图（Πλάτων）以后，就成了坊间的谈资。他凭借着老爸是马其顿王国御医，应聘给亚历山大（Αλέξανδρ）太子做老师。没想到国王死得早，亚历山大挥斥方遒，横扫希腊、波斯，这个有钱任性的国王就是他口中的"我学生"。学生发达了，老师也沾光。亚里士多德回到吕克昂学院，待了10年，作为异乡人享尽荣华富贵。他不知道的是，他口中的真理将在中世纪被托马斯·阿奎那（Thomas Aquinas）奉为神学圭臬，引领所有的学科千年之久，影响至今。

老子捋了捋胡子，伸出右手，指了指牙齿，又指了指舌头，慢条斯理地说：大道至简，有权不能任性。夫唯不争，故莫能与之争。古之所谓曲全者，几语哉？诚全归之。（《帛·第二十二章》）

亚里士多德沉思良久，叹道：那——我还能回雅典吗？

老子笑而不答，拿出枣木大六壬盘，细问亚氏，查明太岁、月将、日干支，反复推演。亚氏来回踱步，心情忐忑。良久，老子挥动拂尘，只说了一个字：凶。

时空穿梭者心想，老子通晓周易，明于术数，真神人也。他原名聃，担任东周宫廷史官"柱下史"，相当于国家档案馆、博物馆、图书馆馆长的职务。但是，他其实出生在宋国，表面上宋是周的臣民，其实宋是殷商的后代，被周朝灭了国。所以可想而知，老子白天读历史，晚上看天象，每当看到规律性的事物反复出现时，一定会热泪盈眶。后来有个叫孔丘的人来找他问"道"，其实孔丘祖上也是从宋国出逃的。两个气味相投的人一定有不少肺腑之言，以至于当孔子的弟子问起来的时候，孔子反复称赞老子是"龙"。可惜老子晚年颠沛流离，最终西行，过函谷，授关尹。幸得庄周、韩非等人重视而流传。汉初黄老之学，东汉鼎盛道教，均由此出。如今五千言又名《道德真经》，老子本人也被封为三清之一的太上老君。

亚里士多德摇摇头，老子颔首笑道：我命在我不在天。（《龟甲文》）

时空穿梭者心想，亚里士多德一年之后就将客死卡尔基斯（Χαλκίς），而老子辞官后正隐于终南撰写《道德经》，所以何不借此良机，就天地人伦，向二位请教一番，也不枉此行了，于是说道：今日东西聚会，两位大德圣贤，何不用毕生所学，将这"天道"、"性命"从头推演一番，以求出凡入圣、长生不老之道呢？

亚里士多德右手指地，老子左手指天，连声道：善哉。

半轮明月映仙洲，流水青山几片愁。

未卜园中希腊客，还期柱下贵柔谋。

吴前星少风从虎，亚里士多德解牛。

圣哲古来惟寂寞，光阴共济活春秋。

时空穿梭者：两位高人，若论毕生所学，则何事值得全力为之？

亚里士多德：我常以为，哲学特别地了然高瞻、殚精竭虑、思索万物，大致是超自然的神圣事业。其他学科不涉及此类思索，乃因事物艰深；而哲学则无畏，不觉得自身无探究最美好事物的资格。与此相反，哲学相信探究最美好的事物最近于且最符合自身的天性。（《论宇宙》391ᵃ）

时空穿梭者：看来您眼中的哲学是非常崇高的事业了。

亚里士多德：有人努力地向我们介绍一地的特点、一城的情况、一河的宽窄、一山的景致。这些人甘于井底、一叶障目，因而人们也许会为这些人思想的粗鄙和匮乏而感到可怜。究其原因，乃因他们从未思索我所说的更为高尚的事物——宇宙及其间最伟大的事物。（《论宇宙》391ª）

时空穿梭者：人们的视野为什么达不到这样的高度呢？

亚里士多德：因为倘若他们全神贯注于此，就不会对其他事物抱有新鲜感了。试试正与此相反，与至高无上的宇宙相比，大概其他一切都不名一文了。（《论宇宙》391ᵇ）

时空穿梭者：如果芸芸众生都如此，那么现实真是可悲啊。尊敬的老子，您对哲学的现状也是这样看的吗？

老子：只有聪明的人能够坚持求索，而普通人常常摇摆不定，至于愚钝的人更是反过来嘲笑我们的做法了。那些常人眼中难以理解的做法才是真正值得追求的高尚的事物。

上士闻道，仅能行于其中；中士闻道，若存若亡；下士闻道，大笑之。弗大笑，不足以为道矣。（《竹·第四十一章》）

时空穿梭者：二位的观点何其相似呢！

老子：凡事都有终极真理。平凡的人所知甚少，所以并不了解我。了解我的人少，所以我就显得难能可贵。正因为如此，所以高贵的人隐于闹市，正如胸中怀有至宝，但却穿着粗麻布服。

夫言有宗，事有君。夫唯无知也，是以不我知。知者希，则我

者贵矣。是以圣人被褐而怀玉。(《帛·第七十章》)

时空穿梭者: 尊敬的老子,真理或许有时候掌握在少数人手中。但是,您也不用粗布陋食,逍遥世外,怀才不遇。

老子: 你可知,所谓"世外",竟是何世?

时空穿梭者、亚里士多德: 愿闻其详。

微风徐落,鹑火南指。
萤光漫入,紫气东来。

第一章　世界的本质

第一节 世界的图景：橐龠论与地心说

时空穿梭者
请问老子，世界是什么样子的呢？

老子
世界是个大风箱。

天地之间，其犹橐龠乎？（《王·第五章》橐龠，风箱。）

时空穿梭者
再请问，您为什么把天地比喻为风箱呢？

老子
虽然风箱内部看似空无一物，但并不意味着完全无用。拉动风箱，就有越来越多的风。但是也不能把风箱拉得太快，因为这样风力一会儿就用完了，所以还是悠哉悠哉地拉得好。

虚而不屈，动而俞出。多闻数穷，不若守于中。（《帛·第五章》）

时空穿梭者
那么亚里士多德，在您眼中宇宙是什么样子呢？

亚里士多德
宇宙是由天、地及其中的自然事物构成的系统。（《论宇宙》391ᵇ）

时空穿梭者
具体而言，宇宙是个什么样子的系统呢？

亚里士多德
居于宇宙中心的是地球，它不能被运动，且是固定的，是一切生物的家和生命之母。在宇宙的上层区域，是有确定上界的整体，是诸神的家园，被称为"天"（οὐρανὸν）。（《论宇宙》391ᵇ）

时空穿梭者

这么说来，宇宙的上层是"天"？您所说的天与我们中国人传统的看法似乎不一样，能具体解释一下吗？

亚里士多德

我们的"天"由全部可感知的自然物体构成。首先，要明确所指的"天"的涵义，以及有多少种涵义，从而清楚地把握研究对象。（《论天》278^b）

时空穿梭者

那么请问"天"有几种涵义呢？

亚里士多德

其一，整个宇宙最外围的实体称为"天"；其二，因为我们把这些物体说成是"在天上"，所以"天"也指与整个宇宙最外围联结着的物体，包括月亮、太阳和某些星体；此外，"天"指最外围含有的一切物体，因为我们习惯于将之整体或全体称为"天"。（《论天》278^b）

时空穿梭者

如此说来，"天"有三种涵义啊。请问第一种涵义中"实体"一词是什么意思？

亚里士多德

"实体"是指纯粹的物体，例如土、火、水等事物。一般说来，物体及由其所构成的东西，动物和精灵，及它们的各部分，这一切之所以被称为实体，是因为它们并非用来描述其他事物，而是由其他事物来刻画它们。（《形而上学》1017^b）

时空穿梭者
看来"实体"是最基本的事物。那么"天"是由"实体"构成的吗?

亚里士多德
最外围包涵着的整体必然是由全部自然可感知的自然物体构成,因此在"天"外没有其他任何东西存在,也不可能再生成什么物体。(《论天》278ᵇ)因此,作为整体的世界是由全部合适的质料所构成。(《论天》279ᵃ)我们的这个天是单一、仅有、完全的天。(《论天》279ᵃ)

时空穿梭者
既然您认为,在我们所处的世界中,"天"是独一无二,可以感知的,那么它是什么形状的呢?

亚里士多德
天肯定是球形的,因为这最符合它的本质,而且球形在本性上也是最初的。(《论天》286ᵇ)

时空穿梭者
我们中国人过去也认为"天圆地方"。为什么符合天的最初的本性和本质的形状是球形,而不是矩形或者三角形呢?

亚里士多德
所有平面的图形均由直线或曲线构成。直线图形由多条线包围,而曲线图形只有一条线包围。既然在每一事物的本性上,单一先于众多,纯粹先于混合,那么圆形就应位于平面图形之首。因此,球体也优先于其他立体图形:球体仅仅由一个面围绕而成,而那些直线形的立体图形要由多个面构成。(《论天》2086ᵇ)很明显,由此可知,宇宙是个球体。而且,该球极为精致,超乎人力所及,而肉眼凡胎均未曾见。(《论天》2076ᵇ)

时空穿梭者

那么请问这无比精致的球体中是空虚的吗？

亚里士多德

此中充满着神圣的物体，我们把它们叫做"星体"。它们永恒地被运动着，在不变的圆形轨道中以令人肃然起敬的节奏与全部天体一同作永不停息的旋转。（《论宇宙》391ᵇ）所谓的"黄道"在它们中间，横斜着穿过回归线，分为黄道带的十二个区域。还有些"星体"是行星，它们自然地被运动，其速度与恒星有异，亦彼此不同。因各行不同环形轨道，所以离地球有远有近。（《论宇宙》392ᵃ）

时空穿梭者

您认为星体是"被运动"的，这么说是圆形的天在运动？

亚里士多德

圆形物被运动，恒星静止并由被其附着的圆形物带动。（《论天》289ᵃ）

时空穿梭者

什么是运动呢？

亚里士多德

在事物之外，没有任何运动存在。因为事物的变化在于实体、数量、性质或位置。如果不从这样的范畴着眼，要想探索这些范畴的共同点是不可能的。（《物理学》200ᵇ–201ᵃ）因为，对能动的事物施加的动作即是运动，但这种动作有反作用，所以运动者同时承受被动。因此，运动就是能够被运动的东西作为能被运动者的现实；通过与能运动者的接触才发生了运动，所以运动者同时也是承受者。（《物理学》202ᵃ）运动就是能够动作者和能够承受者作为它们自身的现实。（《物理学》202ᵇ）

时空穿梭者
宇宙中有多少种运动形式?

亚里士多德
运动有六种：生成、毁灭、增加、减少、变化以及位移。（《范畴篇》15ᵃ）

时空穿梭者
因此，您认为整个天和星体都是旋转运动着的?

亚里士多德
如前所述，周天与宇宙都是连续被运动着的圆环。但是，肯定有恰好彼此对立的两个点是不被运动的，仿佛在雕刻架上被转动的圆球那样。始终不动的两点使圆球紧密结合，整个球体都围绕这两点进行环形旋转，因此它们被称为"两极"。连结两点的直线就是以地球为中心、两极为外缘的宇宙的直径。这两个不能被运动的极中，那个通常能见到的就位于我们头顶的北方，被称为"北极"；另一个则总藏在地球下面，因在南方，所以被称作"南极"。（《论宇宙》391ᵇ–392ᵃ）

时空穿梭者

那么请问那些固定的星体是什么形状的呢？

亚里士多德

每一星体的形状是球形，这当为最合理的预设。因为既然已证明，星体因自身原因被运动不是自然的，而自然又绝对不作出毫无道理的安排，所以自然会将最不适于运动的形状赋予不能被运动的事物。因为球体不具有运动的工具，所以最不适于运动的形状是球体，星体的形状应该为球形。（《论天》291ᵇ）

时空穿梭者

天上有多少恒星呢？

亚里士多德

虽然恒星均在可见的表面被运动，但恒星之数，不可胜数。（《论宇宙》392ᵃ）

时空穿梭者

为什么只有恒星发光呢？

亚里士多德

对我们来说，最合理、自洽的理由是，每一恒星都由它们在其中移动的物体构成。（《论天》289ᵃ）恒星所发出的光和热是由在空气中移动产生的摩擦引起的。（《论天》289ᵃ）

时空穿梭者

天上有多少行星呢？

亚里士多德

行星排列在相互联结着的七个环形轨道中，分为七等，所以较高的总是比较低的更大。虽然七个圆形逐一包围，但恒星球体围绕在它们之外。最外侧的球体是启明星

（Φαίνοντος，也叫土星Κρόνος），依次为发光星（Φαέθοντος，也叫木星Διός）、火似星（Πυρόεις，也叫献给赫拉克勒斯之星Ἡρακλέους或火星Ἄρης）、闪耀星（Στίλβων，也叫献给阿波罗之星Ἀπόλλωνος或水星Ἑρμος）、生亮星（Φωσφόρος，也叫献给赫拉之星Ἥρα或金星Ἀφροδίτης），此后为太阳的轨道，最后是被地球限制的月亮的轨道。（《论宇宙》392ᵃ）

时空穿梭者
那么地球是什么形状的?

亚里士多德
倘若地球不是圆的，那么月蚀就不会出现那种残缺形了。（《论天》297ᵇ）地球不但肯定是球形，而且与其他星体相比，它的体积不算大。（《论天》298ᵃ）

时空穿梭者
大地是运动的还是静止的?

亚里士多德
大地是不被运动的，它也不位于中心以外的任何地方。（《论天》296ᵇ）

时空穿梭者
您的许多推理与我们的知识还比较契合，您真是伟大啊。

COMMENTARIA
IN
ARISTOTELEM
GRAECA

COMMENTARIA
IN
ARISTOTELEM
GRAECA

COMMENT
IN
ARISTOTEL
GRAECA

13

14-15

16-17

第二节　世界的本源：道与元素

时空穿梭者
亚里士多德，您已经非常清晰地描述了这个世界的图景。您能告诉我们这个世界的本源是什么吗?

亚里士多德
元素。

时空穿梭者
请问什么是元素呢?

亚里士多德
让我们假设元素是这样的东西：其他物体可以被分解成元素，元素则或潜在或现实地存在于这些物体之中，但元素自身不能被分解成不同种类的东西。(《论天》302ª，《形而上学》1014ª)

时空穿梭者
原来元素是指不可再分的构成事物的基本物质，那么有几种呢?

亚里士多德
有一种元素构成圆形移动物体的本性；此外，还有四种元素，它们的运动分为两种：或脱离中心，或达到中心。这四种物体是火、气、水、土；其中，火升为顶点，土沉到底部，另两种元素在其彼此的关系上与它们相对应。地球周围的整个世界（Κόσμος）都由这些物体构成。(《天象学》339ª)

时空穿梭者

中国古代五行说也认为世界由五种元素构成，称为金、木、水、火、土。这五种元素相生相克，循环不已。而您所说的四种元素分为两组，两种上升、两种下降。这种观点有些难以理解啊。

老子

事物背负着"阴"，而包裹着"阳"，"阴"、"阳"之气调和而成万物。

万物负阴而抱阳，冲气以为和。（《王·第四十二章》）

时空穿梭者

原来类似于阴阳学说啊，上升者向阳，下降者趋阴。那么，亚里士多德，世界分为四种元素的理由是什么呢？

亚里士多德

它们每一对彼此相反。水与火相反，土与气相反；因为它们是由相反的性质构成的。每个元素都单纯地具备独特的性质，土更干而不冷，水更冷而不湿，气更湿而不热，火更热而不更干。（《论生成与消灭》331ᵃ）在我们周围的那些单纯物体之外，还有一种与它们不同的存在物。这种物体离我们所处的世界越远，其本性便越荣耀尊贵。（《论天》269ᵇ）

时空穿梭者

原来构成世界不只四种元素，还有第五种啊。前四种元素中，土干水冷、气湿火热。那么第五种离我们十分遥远的，构成天的上层东西，又是什么呢？

亚里士多德

由于认为最初物体是土、火、气、水之外的另一种存在物，他们就把这个最高的地点名之为"以太"（αἰθέρα）。这个名称来自于时间"永远"（ἀεί）"在奔跑"（θεῖν）。（《论天》270ᵇ）因此，并非如他人所认为的那样，由于以太的本性似火能烧，而是因为它总是以环形方式在运动，所以我们称天和星体的实体为"以太"。它是不同于其他四元素的纯粹而神圣的元素。(《论宇宙》392ᵃ)这种原初物体是永恒的，不增不减，亘古长存，既没有质变也不受损害。(《论天》270ᵇ)

时空穿梭者
那么元素就是宇宙的本源咯?

亚里士多德
因此，对于这个世界上发生的结果，我们必须把火、土及诸如此类的其他元素认作质料性原因，但是，永恒运动的能力应当被视为本原意义上的原因。(《天象学》339ᵃ)

时空穿梭者
由此可见，您认为物质是运动的，运动是物质的，而物质是由元素构成的。亚里士多德的五元素说听起来像是中国传统的五行说。那么我们就来请教一下老子，您认为宇宙的本源是什么呢?

老子
道。

时空穿梭者
亚里士多德说，"以太"这种元素不生不灭、不垢不净、不增不减，那么"道"有怎样的特点呢?

老子
"道"表面上是空虚的，但是当"道"真正发挥作用的时候，却又取之不尽、用之不竭。

道冲，而用之又弗盈也。(《帛·第四章》)

时空穿梭者

这真是奇妙啊。那么"道"又是如何构成宇宙万物的呢？

老子

"道"消磨了锐气，解除了纷扰，调和了自身的光彩，以便与周围事物协调一致。

闭其兑，塞其门；和其光，同其尘；挫其锐，解其纷，是谓玄同。（《帛·第四章》、《竹·第五十六章》）

时空穿梭者

那么自从宇宙中生成了"道"之后，又是如何逐渐形成如今这般复杂的宇宙的呢？

老子

"道"作为宇宙的根源，通过逐渐演化，逐步形成了五彩缤纷的世界。

道生一，一生二，二生三，三生万物。（《王·第四十二章》）

时空穿梭者

请问亚里士多德，您对老子"道生一"的观点怎么看？

亚里士多德

最合适的方式，就是首先研究那些断言"万物为一"的人是怎样说的。他们是否认为万物都是实体、数量或性质；或者，他们是否认为万物源自某一实体，譬如一个人、一匹马或一个灵魂；或者，他们是否认为万物源自同样的性质，譬如白的、热的或诸如此类的性质。（《物理学》185ᵃ）所谓"一"，要么意味着连续的事物，要么意味着不可再分的事物，要么指原理相同和本质（τοῦ τι ἦν εἶναι）为"一"的事物，譬如μέθυ和οἶνος

都指"酒"。（《物理学》185^b）倘若"万物为一"指的是原理相同，譬如λέπιον和ἱμάτιον都指"衣服"，那么他们所说的就是赫拉克利特（Ἡράκλειτος）的观点。因为这样一来，好与不好，不好与好就会相同了。其结果，同一个东西就会既好又不好，既是人又是马，他们的论证就不再是"存在为一"而是"存在非一"了。（《物理学》185^b）

时空穿梭者
这样看来，两位的观点并不相同。老子认为宇宙的本源在于"道"，道并不是具体的事物；而亚里士多德认为宇宙是由五种元素组成的，其中最重要的、漫布于宇宙上层的是崇高而神秘的以太。最后请两位各用一句话，总结我们所处的宇宙的样貌吧。

老子
人法地，地法天，天法道，道法自然。（《竹·第二十五章》）

亚里士多德
地在水中，水在气中，气在以太中，以太在天中，但天就不再在其他东西中了。（《物理学》212^b）

第三节　世界的限度：时间与空间

时空穿梭者

随着我们构建了宇宙的图景，并且初步了解了宇宙的本源，那么接下来我们更想了解宇宙的过去、现在和未来。请问二位，宇宙的空间和时间是有限还是无限的呢？

老子

天长，地久。（《帛·第七章》）

时空穿梭者

您的意思是空间和时间都是无限的咯，您的理由又是什么呢？

老子

宇宙不以自己的存在为目的，故能成为客观的存在，因此能够长久。

天地所以能长且久者，以其不自生，故能长生。（《河·第七章》）

时空穿梭者

那么亚里士多德，您也同意宇宙的无限性吗？

亚里士多德

研究自然的学者就应分析有关无限（ἀπείρων）的问题。是否有无限？有的话又是什么？（《物理学》202ᵇ）因为一切涉及这类学科的著名哲学家都对无限的问题提出过见解，而且他们全都把无限作为存在物的本原。（《物理学》203ᵃ）

时空穿梭者

这么看起来古希腊的哲学家们不但都研究过宇宙是否无限的问题，而且还对此提出了不同的见解？

亚里士多德

毕达哥拉斯（Πυθαγόρας）学派和柏拉图把无限视为自我存在的实体，而并非其他事物的属性。但是，毕达哥拉斯学派不但认为无限属于可感觉的事物，而且认为居于天外的就是无限；而柏拉图则认为没有任何物体居于天外，即便理念（ἰδέα）亦非例外。（《物理学》203ª）

时空穿梭者

毕达哥拉斯、柏拉图以外的哲学家怎么看呢？

亚里士多德

自然哲学家们则为无限规定了本性，他们全都把无限假定为水、气等所谓元素的属性。认为元素有限的人并不主张它们在总数上是无限的；而认为元素无限的人则认为无限是通过接触而连续的。（《物理学》203ª）

时空穿梭者

您谈论了自然哲学家们的分歧。您认为宇宙是由五种元素构成的，那么宇宙是有限还是无限的呢？

亚里士多德

无限不可能是自身存在的且与感觉事物相分离的无限。（《物理学》204ª）

时空穿梭者

照您这么说起来，宇宙是有限的？

亚里士多德

因为一切可感觉物体在本性上都处于某处，而可感觉物体自身也占据一定的位置，而且各种事物的整体和部分的地点是一样的。譬如，整个大地与一抔土的位置无异，一团火焰与一丝火星的地点相同。所以，使人感觉无限的如果是某一种相同的事物，那么它要么不能运动，要么总是运动，但这都是不可能的。（《物理学》205°）

时空穿梭者

您的意思是，如果宇宙是由单一物质构成的，那么宇宙就不可能是无限的。譬如如果宇宙是由"道"构成的，那么道要么是从未运动过的，要么是在不停运动的。而您认为这些都是不可能的事情。顺着您的思路，那么假如使人感觉无限的事物不属于同类呢？也就是说，如果宇宙是由您所说的多种元素构成的，那么宇宙依然不可能是无限的吗？

亚里士多德

倘若宇宙万物并非同类，则各种事物的特殊位置也有差异；首先，除非通过接触，宇宙各个物体就不会是统一的；其次，各部分物体在属上要么是有限的，要么是无限的。但是，它们的属不会是无限的，因为假如宇宙是无限的，那么，其中的一些物体就会是无限的，另一些物体却不是无限的。但是，无限的那种元素就会消灭与它相反的那些元素了。如果各个部分是无数无限的和单一的，那么，它们的位置和元素就会是无限的。如果不能够这样，因为地点和物体不能不相对应，所以如果地点将是有限的，那么整体也就肯定是有限的；整体不可能会比物体所占有的位置更大。所以，物体就不会是无限的。否则，要么有个位置是空的，要么有的物体没有位置。(《物理学》205ᵃ–205ᵇ)

时空穿梭者

我明白了。依照您的说法，宇宙中充满了各种元素以及它们所构成的事物，不存在所谓的虚空。您认为不可能所有元素都是无限的，所以只要有一种元素是无限的，就对其他元素的存在构成威胁。因此，您认为各种元素构成的事物都是有限的。进而，有限的事物只能占据有限的空间，所以宇宙不可能是无限的。那么，您认为时间是无限的吗?

亚里士多德

时间本身虽然不是运动，但时间又离不开运动。只有把握了运动之中的"在先"和"在后"的感觉，才能表达"时间已经过去了"。(《物理学》219ᵃ)时间，是连续的关于"在先"和"在后"的运动的数目。(《物理学》220ᵃ、《论天》279ᵃ)既然时间是数目，那么时间中的"当下"、"过去"等概念，就像数目中的"单位"、"奇偶数"一样了。那么，时间本身就比在时间中存在的任何东西都更长久。(《物理学》221ᵃ)时间也不会穷尽，因为它总是在起始之中。(《物理学》222ᵇ)整个天既不生成，也不可能被消灭，它是单一和永恒的；整个时期既无起点，也无终点，且自身中包含着无限的时间。(《论天》283ᵇ)

时空穿梭者

您也认为宇宙是单一和永恒的, 看来您也部分认同"天长地久"了?

亚里士多德

整个天体的完满以及所有时间和无限的"完满"也是"持久", 源于"ἀεὶ εἶναι"（永远存在）, 有"不停"和"神圣"之意。（《论天》279ᵇ）

时空穿梭者

两位都认为时间是无限的; 老子认为空间也是无限的, 但是亚里士多德认为空间是有限的。既然时间是无限的, 那么宇宙的本源又是什么时候产生的呢?

老子

"道"神秘莫测, 而且先于万物, 甚至在一般人所认为的世界本源之前。

渊呵似万物之宗。吾不知其谁之子也, 象帝之先。（《帛·第四章》）

时空穿梭者

那么您又是怎么了解宇宙的开端的呢?

老子

"道"虽然是模模糊糊的, 但却有亘古贯通的形象和物质存在, 因此我们能够反向推测出最初的形态。

道之物, 唯恍唯忽。忽呵恍呵, 中有象呵。恍呵忽呵, 中有物呵。窈呵冥呵, 中有精呵。其精甚真, 其中有信。自今及古, 其名不去, 以顺众父。（《帛·第二十一章》）

时空穿梭者

亚里士多德，老子认为"道""渊呵似万物之宗"，您怎么看？

亚里士多德

赫西俄德（Ἡσίοδος）提出了最初的混沌状态，这话是对的。他说，"万物生成，初为混沌；后有大地，胸怀广阔"（《神谱》θεογονία第116行）。（《物理学》208ᵇ，《论麦里梭》975ᵃ，《形而上学》984ᵇ）

时空穿梭者

老子认为"道""象帝之先"，您又怎么看？

亚里士多德

倘若灵魂不存在，时间是否会存在？（《物理学》223ᵃ）倘若除了灵魂和灵魂的理智之外，再无其他东西有计数的资格，那么倘若没有灵魂，就没有运动的灵魂，也就没有以时间为属性的那个时间，也就不可能有时间。（《物理学》223ᵃ）神是有生命的，生命就是有思想的在有限时间内的活动，神就是现实性，他的生命至善而永恒。我们说，神是有生命的、永恒的至善，由于他永远不断地生活着，永恒归于神，这就是神。（《形而上学》1072ᵇ）

时空穿梭者

看来二位的见解是不同的。那么请问老子，您相信在神灵之外还有灵魂吗？

老子

知之者弗言，言之者弗知。（《竹·第五十六章》）

时空穿梭者

老子您似乎从未就这一问题发表过看法。那么，让我们继续求教亚里士多德。这么说来灵魂先于一切事物？

亚里士多德

灵魂就是生命的本原。（《论灵魂》402ᵃ）

时空穿梭者

您之前承认元素的重要性，这会儿又强调灵魂。那么请问负载生命的躯体和灵魂是什么关系？

亚里士多德

所谓生命，是指自己摄取营养、有生死变化能力的事物。一切有生命的自然躯体都是实体，这样的实体必然由结合而生。躯体并不属于主体，它自身即是主体和质料。（《论灵魂》412ᵃ）质料是潜能，形式是现实。（《论灵魂》412ᵃ）所以，灵魂作为潜在地具有生命的自然躯体的形式，一定是实体。这种实体就是现实性。（《论灵魂》412ᵃ）

时空穿梭者

请问您刚才提到的"潜能"是什么意思？

亚里士多德

潜能是运动和变化的本原，存在于他物之中或作为自身中的他物。例如，建造术就不存在于所建造的房屋之中，医疗术则可以是存在于患者之中，但不是患者本身。（《形而上学》1019ᵃ）

时空穿梭者

那么，关于"灵魂是躯体的现实性"，您能举个具体的例子吗？

亚里士多德

斧头的实体就是使斧头成为斧头的那种东西，这就是斧头的灵魂；

如果没有了灵魂，斧头就不再是斧头，不过名称相同而已。(《论灵魂》412[b])如果眼睛是生物，那么视觉就是它的灵魂，因为视觉就是眼睛在定义意义上的实体。(《论灵魂》412[b])

时空穿梭者

那您相信灵魂的轮回吗？

亚里士多德

人和灵魂都可以随意进入任一肉体，像毕达哥拉斯学派胡诌的那样？甚为可笑。(《论灵魂》407[b])

时空穿梭者

为什么您认为灵魂轮回说是荒唐可笑的呢？

亚里士多德

这就等于说，木工技艺也就体现在由这种技艺制作的长笛之中。每行匠人都自有工具，每一灵魂亦自有特有躯体。(《论灵魂》407[b])

时空穿梭者

我们刚才探讨了宇宙的起源，那么我们想进一步了解宇宙是如何发展的。老子，根据亚里士多德理论中，五种元素始终在宇宙的形成和发展中产生作用。那么"道"对宇宙的发展起到了什么作用呢？

老子

"道"不但产生了宇宙，而且由"德"滋养万物，逐渐形成了一定的样貌和特点，并最终固定下来。

道生之，德畜之，物形之而器成之。

(《帛·第五十一章》)

时空穿梭者

看来"道"是宇宙中一以贯之的重要因素。

老子

"道"的作用自然而恒久，全面而多元。由于"道"的作为极高，所以它的地位并不是任何人封赏而来的，而是本来就客观存在的。

"道"不但生成万物，而且滋养万物、统领万物、辅助万物、培育万物、平衡万物、养育万物、庇护万物。"道"的伟大之处还在于，虽然它促进了万物的产生和发展，但是它从不居功自高，从而体现了最为高贵的品格。

是以万物尊道而贵德。道之尊也，德之贵也。夫莫之爵也，而恒自然也。道生之、畜之、长之、遂之、亭之、毒之、养之、覆之。生而弗有也，为而弗恃也，长而弗宰，是谓玄德。（《帛·第五十一章》）

时空穿梭者

亚里士多德，老子认为宇宙的产生和发展都是自然而然的，那么您对"自然"怎么看？

亚里士多德

有些存在着的事物是自然存在的，有些则是其他原因。因自然而存在的不仅包括动物、动物的器官和植物，还包括土、火、气和水这些元素。因为显然一切因自然而存在的事物都在自身之中含有一个运动和静止的本原，从而这些事物都区别于非自然构成的事物，所以我们把这些事物等视为因自然而存在的。与此相反，在其各自名称确定的范围内，就床榻、罩袍等工艺制品而言，尽管如果它们由石、土或两者偶然混合而成，也会从这些合成材料中体现内在的变化本原，但是它们都缺乏变化的内在冲动。因此，所谓自然，是指因自身而非偶然地存在于事物中的运动和静止的最初本原和原因。(《物理学》192ᵇ)心灵和自然是诸事物及宇宙本身在先的原因。(《物理学》198ᵃ)综上所述，自然最初和最重要的涵义是在自然自身之中有种运动本原的事物的实体，而质料由于能够接受这种东西而被称为自然，生成和生长由于其运动产生于此而被称为自然。自然存在的运动的本原就是自然，它以潜在或现实的方式内在于事物之中。(《形而上学》1015ᵃ)

时空穿梭者

看来您对自然的理解和作用与老子的观点颇多类似。既然您给"自然"下了定义，能否具体举例子说明自然与非自然事物的区别？

亚里士多德

医生也许是让他自己所得疾病能够康复的原因。但此时他不是患者，而是具备医疗技艺的人，而医生和接受治疗的患者归于一人确系偶然。因此，二者通常彼此区别。(《物理学》192ᵇ)

时空穿梭者

刚才，我们谈论了宇宙的本源和发展，那么我们还想知道宇宙有终点吗？如果有终点的话，是否意味着宇宙有终极的目的和意义呢？

老子

宇宙自生自灭，对万物一视同仁，没有特殊的目的。

天地不仁，以万物为刍狗；圣人不仁，以百姓为刍狗。(《王·第五章》)

时空穿梭者
那么亚里士多德您怎么看？

亚里士多德

为什么自然就不能产生无所为或更好些的事物？为什么宙斯（Ζεύς）降雨不是为了使谷物生长，而是由于必然呢？因为蒸发了的汽必然冷却，冷却之后必然变成降水，结果谷物遇水滋长；倘若在打谷场上，谷物遭雨而霉变，那么那场雨也并非是有意为之，而是偶然地使谷物霉变了。所以，难道因自然而存在的事物不是这样的吗？当事物的各个部分结合得似乎就像是为了什么而生成时，那些自然而然形成的、很适合的部分就保存了下来。如果不是这样就被消灭了，而且正持续消灭着，就像恩培多克勒（Ἐμπεδοκλῆς）所说的人面牛一样。（《物理学》198ᵇ）

时空穿梭者
看来两位都认为宇宙不带有任何特殊的目的性啊。事物自然而然形成适合于世界的特征，而不适合的部分就自然而然消失。这就是宇宙发展的内在趋势啊。这种趋势是原因，但又不是目的，宇宙就是如此这般自然而然发展下去的啊。

第二章　人类的认知

第一节　认知的方法：直觉与分析

时空穿梭者

刚才我们讨论了宇宙的产生、发展和目的，我们大致明白了亚里士多德所说的宇宙的图景，也请二位分享了五元素和"道"的作用。虽然老子说"道冲"，亚里士多德说宇宙"由全部可感知的自然物体构成"，但是宇宙的基本规律真的可以被我们理解吗？

老子

以身观身，以家观家，以乡观乡，以国观国，以天下观天下。吾何以知天下然哉？以此。（《王·第五十四章》）

亚里士多德

恩培多克勒说，"由土观土，由水识水，由气识神圣之气，由火识毁灭万物之火，由爱知爱，由争吵认识争吵"。（《论灵魂》404[b]，《形而上学》1000[b]）

时空穿梭者

两位都强调要从整体上认识宏观世界，用合适的方式去把握微观细节。那么请问两位，我们能够真正描述我们认识到的世界吗？

老子

道，可道也，非恒道也。名，可名也，非恒名也。（《帛·第一章》）

亚里士多德

定义是对事物"是什么"的解释，因此显然有一类定义是关于事物名称涵义的解释，或是对等价名词惯用语的解释。如果我们确知某物存在，那就要研究它为何存在。但对于我们还不确定是否存在的事物而言，用这种方式去描述它的定

义是非常困难的，因为除非偶然，我们并不知道这个事物是否真正存在。（《后分析篇》93ᵇ）

时空穿梭者

谢谢二位。老子认为，宇宙的基本规律称为"道"。道是可以描述的，但不能精确描述。用来描述宇宙的基本规律的工具是概念或者语言，您称作"名"。名也是可以表达的，但是要准确刻画"名"也是不可能的。亚里士多德也持类似的观点，认为超过人类认知的事物是不适于用定义的方法去描述的。看来两位都认为人类的理解能力是存在限度的。那么如何描述宇宙的开端呢？

老子

无名，万物之始也。有名，万物之母也。（《帛·第一章》）

亚里士多德

对于我们而言，首先搞清楚的是浑然一体的事物（συγκεχυμένα）。其次，从这些事物中把元素和本原分离出来，它们才被认识。名称与"道"（λόγος）也是这样的关系。因为名称无差异地指向某个整体，譬如"圆"；而定义则把"道"分析成多个具体的成分。儿童亦复如是，他们一开始管一些男的叫爸爸，把女的叫妈妈，直到后来他们才弄清楚他们每一个人到底是谁。（《物理学》184ᵃ–184ᵇ）

时空穿梭者

原来混沌未开的宇宙本是无法描述的，而可以表述的部分则是万物的起源啊。那么请问老子，如何理解无名之道呢？

老子

虽然"道"没有具体的名称，但是世间万物都不敢轻视它。

道恒无名，朴虽微，天地弗敢臣。（《竹·第三十二章》）

时空穿梭者
那么又如何理解有名之道呢？

老子
作为万物起源的事物可以称为"道"，它的特点是包罗万象、无限扩张，道、天、地、王都高深莫测。

有状昆成，先天地生。寂寥，独立不改，可以为天下母。未知其名，字之曰道，吾强为之名曰大。大曰衍，衍曰远，远曰返。道大，天大，地大，王亦大。国中有四大焉，王居一焉。（《竹·第二十五章》）

时空穿梭者
谢谢您的精彩分析。

老子
"道"是如此地宏观，以至于超越我们的感官。

天下皆谓我道大，大而不肖。夫唯不肖，故能大。若肖，久矣其细也夫。（《帛·第六十七章》）

时空穿梭者
用王官都不能理解它吗？

老子
看了但是看不到，叫做"微"；听了但是听不到，叫做"希"；抓了但是碰不到，叫做"夷"。

视之而弗见，名之曰微；听之而弗闻，名之曰希；搏之而弗得，名之曰夷。（《帛·第十四章》）

时空穿梭者
既然道超越视觉、听觉和触觉，我们怎么样才能体验到它呢？

老子
要将各种感受融合在一起才能体悟"道"。

三者不可致诘，故捆而为一。（《帛·第十四章》）

时空穿梭者
您是得"道"之人，这种感受是令人愉悦的吗？

老子
音乐与粉饼令人驻足，而道的原则不像它们那样满足感官刺激，而是平淡无奇，却因为不可穷尽，而令天下人向往，共享太平。

执大象，天下往。往而不害，安平大。乐与饵，过客止。故道之出言，淡呵其无味也。视之不足见，听之不足闻，而不可既也。(《竹·第三十五章》)

时空穿梭者
这么看来，用感官是很难把握"道"的啊？

老子
"道"只是恍恍惚惚地存在，没有具体的性状，也无法溯源或探索啊。

湛呵似或存。(《帛·第四章》)
其上不皦，其下不昧，绳绳兮不可名，复归於无物。是谓无状之状，无象之象，是谓恍惚。迎之不见其首，随之不见其后。(《王·第十四章》)

时空穿梭者
原来能不能举个例子说明？

老子
道滋养万物，就像处于阴处，但有潺潺细流不断涌出的山谷；道抚育万物，就像神秘莫测，但绵绵不断繁衍后代的雌性动物的生殖器；道存在又捉摸不定，空虚而用不尽。

谷神不死，是谓玄牝。玄牝之门，是谓天地之根。緜緜呵其若存，用之不勤。)(《帛·第六章》勤，尽。)

时空穿梭者

您的比喻令人茅塞顿开，道的确是
天地的本源啊。

老子

亲身体悟道的存在，方能以古为
镜，感受道的作用啊。

执古之道，以御今之有。（《王·第十四章》）
以知古始，是谓道纪。（《帛·第十四章》）

时空穿梭者

亚里士多德，老子主张通过各种感
受来体会规律的存在，您同意吗？

亚里士多德

即使感官针对是事物的性质，而不
是某个具体事物，我们也不可能通
过它获得科学知识。我们所感觉到
的必然是在某处、某时的某物，但
普遍真实之物是不可能被感觉到
的，因为它既非一特殊之物，也不
处在某特定的时间中。只有在任何
地点、任何时间都可获得的事物才
是普遍的。（《后分析篇》87ᵇ）因为借
助于知识和感觉，我们才有认知，
所以它们是事物的尺度。（《形而上
学》1053ᵇ）

时空穿梭者

那我们无法认知客观事物咯？

亚里士多德

但是，倘若重复地观察，我们就能
成功地掌握普遍事物。因为我们在
特殊经验的不断重复获中得了普遍
的见解。普遍见解的意义在于揭示
了原因。所以普遍的知识比通过感
官或思想活动（νόησις）得来的知
识更为珍贵。（《后分析篇》88ᵃ）

时空穿梭者
这样说来，您认为通过反复观察得到普遍知识比感官体悟更为重要？那么您能举个获得普遍见解的例子吗？

亚里士多德
譬如，倘若我们能注意到玻璃中间存在许多通道，而光正是通过这些通道照射进来，那么我们就明白了玻璃为何能够照亮的原因。在每一个具体事物面前，我们总能逐一得到相应结论，并且意识到在所有的情形下都肯定是这样。（《后分析篇》88ᵃ）

时空穿梭者
您的意思是我们要获得科学的知识，一定要通过反复观察，从而把握它背后的原因？

亚里士多德
只有当我们知道事物的原因时，我们才具备了关于它的知识。（《后分析篇》94ᵃ）

时空穿梭者
宇宙中事物的关系纷繁复杂，那么"原因"本身又有多少种呢？

亚里士多德
原因有四科，形式因（τοῦ τι ἦν εἶναι）、质料因、动力因和目的因（τό τίνος ἔνεκα）。（《后分析篇》94ᵃ，《形而上学》983ᵃ）

时空穿梭者
后人好像已经把您的观点归纳为"四因说"，您能具体解释一下这四种原因分别是指什么吗？

亚里士多德
原因的第一个意思是存在于事物之中、而事物由之生成的东西，譬如青铜是雕像的原因，白银是杯盏的原因。另一个意思是形式或模型，也就是事物之所以是它自己的那种定义，譬如二比一、八度音程。第三，原因是变化和静止的开端，譬如策划者是原因，父亲是儿子的原因，一般说来制作者是被制作的东西的原因，变化者是被变化的东西的原因。第四，作为目的的原因，例如健康是散步的原因。为什么要散步呢？为了健康，在这样说的时候，我们认为指出了原因。在所有被引起的运动之中，为了达到目的的中间的手段也是一样的，譬如减肥、灌肠、药剂和器械都是健康的中间手段。因为这一切都是为了同一个目的。其区别在于有的作为工具，有的作为活动。（《形而上学》1013ᵃ–1013ᵇ）

时空穿梭者
看来亚里士多德主张通过观察、分析原因来认识宇宙的规律。老子，您认同这种观点吗？

老子
不出家门，而知天下事；不用开窗，而了解宇宙的真相。走得越远，反而知道得越少。

不出户，知天下；不窥牖，见天道。其出弥远，其知弥少。（《王·第四十七章》）

时空穿梭者
您的意思是，通过理性分析得到经验固然是好的，但也是有限的，关键时刻还是要靠悟性吗？

老子
所以圣人尚未实践就已经了悟，未经观察就了解本质，不用刻意而为就能够成功。

是以圣人不行而知，不见而名，不为而成。（《王·第四十七章》）

时空穿梭者

这么说，您认为通过直觉感悟的思考，也能洞察万物，了解世情？那我们应该如何培养直觉呢？

老子

要使心灵空寂，坚持平和的态度，从而旁观万物的生长变化。

至虚，恒也；守中，笃也。万物旁作，居以观复也。（《竹·第十六章》）

时空穿梭者

如果我这么做，能观察到什么？

老子

这样做能够看透纷杂的事物，直指各自的源头，从而寻得清净，体悟生命，了解真理。

天道员员，各复其根。（《竹·第十六章》）归根曰静，是曰复命。复命曰常。（《王·第十六章》）

时空穿梭者

认识到宇宙的规律对我们有什么益处呢？

老子

认识了规律才能包容，包容才能公正，公正才能周全，周全才能符合宇宙的发展规律，才能避免灾祸啊。

知常，容，容乃公。公乃王，王乃天，天乃道，道乃没身不殆。（《帛·第十六章》）

时空穿梭者

那不了解规律又有什么坏处？

老子

不认识规律会举止失措，从而招来灾祸啊。

不知常，妄，妄作凶。（《帛·第十六章》）

时空穿梭者
那么，总地来说，您认为直觉领悟和理性思考，哪个更重要呢？

老子
靠自身感受来体验宇宙的奥妙，但也要有目的性地分析宇宙的规律。

故恒无欲也，以观其妙。恒有欲也，以观其噭 。（《帛·第一章》噭，通"徼"，边际。）

时空穿梭者
这两种方法哪种更重要呢？

老子
两者同出，异名同谓。玄之又玄，重妙之门。（《帛·第一章》）不可得而亲，亦不可得而疏；不可得而利，亦不可得而害；不可得而贵，亦不可得而贱。故为天下贵。（《竹·第五十六章》）

时空穿梭者
原来两者不可偏废啊，确实高深莫测。亚里士多德，我们知道您主张运用演绎法和归纳法来认识世界。请问，推理法和归纳法，这两种方法哪种更为重要呢？

亚里士多德
比较起来，归纳更有说服力，也更清楚，更容易为感觉知晓，因而能够被多数人运用。但推理在反驳自相矛盾的论证时更加有力，也更为有效。（《论题篇》105[a]）

时空穿梭者
有人认为老子更喜欢举例子来回答提问，亚里士多德您怎么看？

亚里士多德
如果我们一定不要用比喻论证，那么我们必须也避免用比喻。否则我们就不得不用比喻进行论证。（《后分析篇》97[b]）

时空穿梭者

最后想问您，您所说的目的因，都是必然的吗？

亚里士多德

事物的存在既可能出于目的，又可能出于必然。譬如，光线通过灯笼照射时，光是由小于灯笼孔道的分子所组成的东西，所以它定能通过孔道；但它同时也为使得我们免于绊倒这样的目的。自然的行为虽是为了某种目的，但也是出于必然。必然性有两种，出于事物的自然或自然的倾向或出于与事物自然倾向相反的强制力量。因而，一块石头向上或向下的运动都是出于必然，但不是出于同样的必然。在智慧的产物中，房屋和塑像的存在决非偶然或必然，而总是出于目的；健康和安全的存在则可以是偶然的结果。尤其是当终局不确定的情形下，倘若进路并非出自偶然性，则终局便是好的、有目的的。它或是自然的或是技艺性的。不存在任何带有目的的事物是因偶然而产生的。（《后分析篇》94^b-95^a）

第二节 辅成的视野：对立与统一

时空穿梭者

刚才我们讨论了宇宙的图景，以及如何认识这个宇宙。既然四种基本元素两个上升、两个下降，既然"万物负阴而抱阳"，那么这个世界岂不是很混乱吗？难道这个世界就没有绝对的事物吗？

亚里士多德

事物的"重"和"轻"，既是绝对的，又是相对的。（《论天》308ª）"绝对的轻"指的是向上和朝着边缘被移动的东西，而"绝对的重"指的是向下和朝着中心被移动的东西。"相对的轻"指的是在具有"重"的同等大小的两个物体中，其自然地向下被移动的速度被其他物体超过的那个物体。（《论天》308ª）

时空穿梭者

您说的"轻"和"重"，我们今天是用"质量"这个词来衡量的。我明白，您所说的绝对的轻重在地心说的基础上是成立的，即重的沉到地心，轻的飘于天外。至于您说同样质量的物体下降的速度不一样，大概是您充分考虑到了空气阻力的缘故吧。总之，您认为绝对事物是有条件地存在的。那么，请问老子，您也认为存在绝对的事物吗？

老子

大家都知道什么是美好，那也就知道了什么是丑恶；大家都知道什么是善良，那也就知道了什么是不善。

天下皆知美之为美，斯恶已。皆知善之为善，斯不善已。（《王·第二章》）

时空穿梭者

既然善恶美丑都是成对出现的，
那么事物是对立而生的吗？

老子

有、无之相生也，难、易之相成也，
长、短之相形也，高、下之相盈也，
音、声之相和也，先、后之相随，恒
也。（《帛·第二章》）

亚里士多德

对立是指矛盾和相关，缺乏和具
有，由一物产生并最后复归于它的
最终之物，譬如生成和消灭。（《形
而上学》1018ᵃ）对立有四种意义。第
一，存在相互关系的两事物是对立
的；第二，两个相反的事物是对立
的；第三，缺乏与具有是对立的；
第四，肯定命题与否定命题是对
立的。举例来说，"两倍"与"一
半"是有相互关系的事物的对立；
"好"与"坏"是相反事物的对立；
"盲"和"视力"是缺乏与具有的
对立；"他坐着"和"他没坐着"是
肯定命题与否定命题的对立。（《范
畴篇》11ᵇ）

时空穿梭者

看来两位都认为万事万物是对立而生的。不过从两位所举的例子来看，难与易、长与短、上与下、音与声、先与后、翻倍与减半、好与坏的对立是很好理解的，但是"有无相生"似乎很奇妙。难道真的能"无中生有"吗？

老子

辐条之间是空的才可以做车轮，容器中间是空的才可以装东西，留出了门窗才能把空间当房间用。这些例子说明，看得见的东西给我们带来便利，但是摸不着的东西却在发挥重要作用。

三十辐共一毂，当其无，有车之用。埏埴以为器，当其无，有器之用。凿户牖以为室，当其无，有室之用。故有之以为利，无之以为用。（《王·第十一章》埴，黏土。）

时空穿梭者

您举了三个非常生动的例子。那么亚里士多德，您同意老子的观点吗？您对"有无相生"怎么看？

亚里士多德

缺乏和具有是对相同事物而言。譬如"盲"和"视力"都是对"眼睛"而言的。通常来说，因为"缺乏"和"具有"都是对于拥有它们的事物的本性而言的，所以可以具有而且应该具有某种能力的事物，即使在失去时也应当具有该性质，但事实上却完全没有时，我们就可以说这一能力是缺乏的。（《范畴篇》12ᵃ）

时空穿梭者

我明白了，您的意思是缺乏和拥有都指向的是同一个事物的本性，所以他们所指的东西实际上是相同的，因此他们两者之间是相生的关系。那么对于另外三种对立形式，您能再解释一下吗？

亚里士多德

好的。

时空穿梭者
首先，请具体解释存在相互关系的两事物的对立。

亚里士多德
存在相互关系的两事物的对立就是同一属之下对立的两事物，或者以其他方式与之相关的事物。譬如，"知识"正好就是"知识对象"的"知识"，而"知识对象"也正好是与它相对立的"知识"的"知识对象"，因为"知识对象"是由"知识"而被称为"知识对象"的。（《范畴篇》11ᵇ）

时空穿梭者
其次万事万物都是对的吗？没有介于二者中间的事物吗？

亚里士多德
还可有中间物介于两者之间，灰色、黄色以及所有其他颜色就介乎于白色和黑色之间，在好和坏之间存在着既非好也非坏的事物。（《范畴篇》12ᵃ）但有时很难给中间物找到一个合适的名称，这就得采用否定两个极端的方法来命名中间物，如"既非好也非坏"、"既非公正也非不公正"。（《范畴篇》12ᵃ）

时空穿梭者
刚才，老子提出"有无之相生、难易相成"为代表的"相辅相成"的观点。请问亚里士多德，古希腊有这样想的学者吗？

亚里士多德
全部的思想家都把对立作为本原。其中，有些人认为万物是单一而且不运动的，譬如巴门尼德（Παρμενίδης）把热和冷作为本原，他称之为火与土；德谟克利特

（Δημόκριτος）认为是充实和虚空，他把前者称为存在，把后者称为非存在；此外，他也说到了位置、形状和次序，认为这些是对立的种（γένη）；位置的朝上与向下、在前与在后，形状的角、直和曲。（《物理学》188ᵃ）因为他们全都取材于同一张表。（《物理学》189ᵃ）

时空穿梭者
什么表？毕达哥拉斯十对立表？

亚里士多德
对有限与无限、奇数与偶数、单一与众多、右面与左面、雄性与雌性、静止与运动、直线与曲线、光明与黑暗、善良与邪恶、正方形与长方形。（《形而上学》986ᵃ）

时空穿梭者
那您对这种理论怎么看？

亚里士多德
这是有道理的。因为本原必定既不是相互生成也不是由他物生成，而是一切都出于它们之中。这一切都被蕴含在一开始的对立中。因为是一开始的，所以就不会出自他物，也因为是对立的，所以就不相互生成。（《物理学》188ᵃ）

时空穿梭者

这么看来，您认为毕达哥拉斯十对立表中的概念并非相互生成的，那么您提到的各种元素是相辅相成的吗？

时空穿梭者

看来两位在不同程度上都承认事物之间存在对立统一的关系。

亚里士多德

火、气、水、土是相互生成的，每一种都潜在地存在于另一种中，正如那些有着某种单一而相同的载体的事物最后都还原为那种载体是一样的。(《天象学》339^b)

第三节　运动的观点：相反与转化

时空穿梭者

我们谈到了事物的对立存在，也谈到了他们之间相辅相成的关系，那么对立的事物是可以互相转化的吗？

老子

同意和反对、美丽与丑恶都彼此接近。而且让人们害怕的人，反过来也会害怕人们啊。

唯与呵，其相去几何？美与恶，其相去何若？人之所畏，亦不可以不畏人。（《帛·第二十章》）

时空穿梭者

这么说来事物是可以转化的咯？

亚里士多德

对于相反的事物而言，除非一个在本性上属于某物，譬如热属于火，否则两者可以向对方相互转化，而其主体始终保持不变：健康可变为疾患，白可变为黑，热可变为冷，好可变为坏，坏也可变为好。（《范畴篇》11[b]）

时空穿梭者

好可以变为坏，坏可以变为好？

老子

祸兮福之所倚，福兮祸之所伏。孰知其极？（《王·第五十八章》）

时空穿梭者

对于为什么好可以变为坏，这我还是有体会的，有时候虽然机会来了，但是因为懒惰或者愚钝，反而把事情搞糟了。但是，为什么坏可以变好呢？

亚里士多德

因为当给坏人介绍新的生活方式、思维方式时，他就可以有些进步。虽然进步甚微，但他一旦有了进步，也还可以有更大的进步，甚至完全改变。（《范畴篇》13[a]）

老子

今日善的人可以做老师，今日不善的人以后可以做善人。任何人的禀赋都可以顺其自然地发展，我们也应该顺其自然地与任何人交往。

故善人，善人之师。不善人，善人之资也。不贵其师，不爱其资，虽智乎大迷。是谓妙要。（《帛·第二十七章》）

时空穿梭者
那么坏人为什么要变好呢？

亚里士多德

因为尽管在开始时进步微乎其微，但人总是更倾向于德性，所以人是可以有更大进步的。倘若该进程不停止且时间足够的话，最终他会具有相反的品质。（《范畴篇》11ᵇ）

时空穿梭者
诚如二位所言。如果善恶、美丑、好坏都可以相互转化的话，那么它们是自然而然这样转化的吗？

老子

明白就像暗昧，进取就像后退，模仿就像同类。高尚的品德处于低谷，清白之人如同受辱，深厚的德行总嫌不足。刻意立德就像偷窃，纯真质朴反得喜悦。

明道若昧，进道若退，夷道若颣。上德若谷，大白若辱，广德若不足。建德若偷，质真若渝。（《王·第四十一章》颣，通"类"，相似。）

时空穿梭者

您的意思是事物本身就会发展到它的反面?

老子

最方正的东西没有棱角,大型的器物逐步完成,最响的声音却听不到,最大的形象连形状也没有,连"道"本身也没有具体称谓。

大方无隅,大器晚成,大音希声,大象无形,道隐无名。(《王·第四十一章》)

时空穿梭者

事物的转化真是奇妙啊!

老子

夫唯道,善贷且成。(《王·第四十一章》)

时空穿梭者

是啊。只有"道"是善始善终的。这么看来,对立事物的转化对世界真是太重要了。那么我们能主动促进事物的转化吗?

老子

世间万物是从虚空中产生的,不断转化和追溯才是宇宙运行的规律。

反者道之动,弱者道之用。天下万物生于有,有生于无。(《王·第四十章》)

时空穿梭者

那么如何主动地促进转化呢?

老子

由于事物是相辅相成的,所以要达到目的不一定选择直线前进。要收缩,首先要张开;要削弱,首先要增强;要删去,首先要振兴;要夺走,首先要给予。这就是主动促进事物转化的方法。通过这种方法,最柔弱的事物最终也能战胜最强硬的事物。

将欲翕之,必固张之。将欲弱之,必固强

之。将欲去之，必固兴之。将欲夺之，必固予之。是谓微明。柔弱胜强。(《帛·第三十六章》)

时空穿梭者
转化的哲理是如此深奥啊。感谢二位的分享，使得我们对宇宙的认识又前进了一大步。

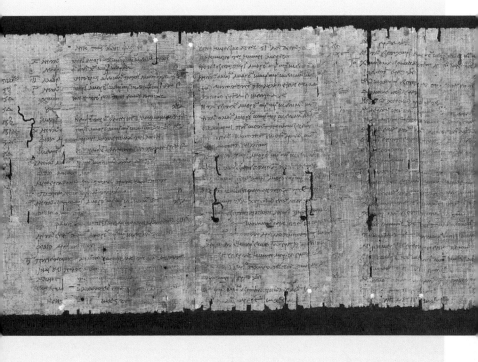

第三章　理想的国家

第一节　政治的体制：圣人治国与雅典政制

时空穿梭者

刚才我们与两位贤人一同探讨了宇宙本身，以及人类对于宇宙的认识。我们最终认识到，事物之间存在相辅相成的关系，而我们如果能正确促进事物间的转化，就能够获得益处。

老子

宇宙的规律就像弯弓射远。瞄得太高了，就压得低一点；放得太低了，就抬得高一点。拉得太多了，就少一点；拉得太少了，就多一点。所以宇宙的规律，就是多了要减少，并用减少的补满不足的部分。人间的道理却是相反的：减少不足的，反而给那已经满了的。

天之道，犹张弓也，高者抑之，下者举之，有余者损之，不足者补之。故天之道，损有余而益不足；人之道，损不足而奉有余。（《帛·第七十七章》）

有德行的人，帮助别人就是帮助自己，给别人越多，自己也越多。所以说，宇宙的规律就是利他，人间的道理就是努力但不要争夺。

圣人无积，既以为人，己愈有；既以予人，己愈多。故天之道，利而不害；人之道，为而弗争。（《帛·第八十一章》）

时空穿梭者

老子，您强调了事物转化的"天道"，但是您同时提出的与之相反的"人道"似乎更具有实践性。您眼中的"圣人"奉献给他人之时，自己的储备反而更多，真的有人能够这样做到吗？

老子

有"道"之人能够做到，而且正因为如此，他们以无为的姿态治理国家，成功了也不邀功。

夫孰能有余而有以奉于天者，唯有道者乎？是以圣人为而弗有，成功而弗居也。若此其不欲见贤也。（《帛·第七十七章》）

时空穿梭者

那么我们想问，对于现实中的人民而言，"道"是专属于那些负有统治责任的"圣人"，还是平等适用于所有百姓呢？

老子

在"道"面前不分善恶，人人平等。由于认识可以转化，所以"道"适用于所有的人。

道者，万物之注也，善人之宝也，不善人之所保也。（《帛·第六十二章》）

美言可以市，尊行可以加人。人之不善，何弃之有？故立天子，置三卿，虽有共之璧以先四马，不若坐而进此。古之所以贵此者何也？不谓求以得，有罪以免软？故为天下贵。（《帛·第六十二章》）

时空穿梭者

看来宇宙的天平并不偏颇。

老子

天网恢恢，疏而不失。（《帛·第七十三章》）

时空穿梭者

是啊。那么再请问亚里士多德，您心目中的平等是怎么样的呢？

亚里士多德

平等有两种："数目上的平等"和"适应于价值、才德的平等"。前者是指在数量或大小方面与人相同或相等，后者指在比例上的平等。（《政治学》1301ᵇ）

时空穿梭者

那么古希腊的国家中能做到这样的平等吗?

亚里士多德

完整的家庭由奴隶和自由人构成,家庭中最重要和最基本的组成是主奴、夫妻和父子。(《政治学》1253ᵇ)有些人天生就注定被人治,而另一些人则注定治理人。(《政治学》1254ᵃ)显然有些人天生就是自由的,但是有些人天生就是奴隶。对于他们来说,受奴役不仅有益而且公正。(《政治学》1255ᵃ)

时空穿梭者

您的意思是古希腊的家庭中有些人天生就是奴隶,而且奴役他们是好的。我听了虽然有些震惊,但是至少我也明白了古希腊并非人人平等的真相。众所周知,您长期生活在雅典,那么雅典的自由人是如何产生的呢?

亚里士多德

凡是由公民双亲所生者均享有公民权,他们长到18岁时在其居住区注册。青年们先参拜各处神庙,人们还为他们选出两位教头和老师,教以重装步兵的战法、弓箭与投枪的使用以及石弩的发射。他们就这样度过第一年;第年,将在剧场举行公民大会,他们向平民们演示军事技能后,从城邦获得一面盾和一支矛,然后就逡巡邦土,在各处堡垒中度日。该戍卫生涯持续两年,一律身着披风,期间免于所有赋税。这两年过去之后,他们就可以加入公民的行列了。(《雅典政制》第四十二段)

时空穿梭者

既然人民不是平等的，那么古希腊
是一些人统治另一些人咯？

亚里士多德

通常，我们把为共同的利益着想的
君主政体称为君主制；把为共同利
益着想的但由少数人掌控的政体
称为贵族制（άριστοκρατία）；把
为共同利益着想，但由多数人掌控
的政体称为共和制（πολιτεία）。
（《政治学》1279ᵃ）以上提及的各种
政体的变体如下：僭主制是君主制
的变体，寡头政体是贵族制的变
体，平民政体是共和制的变体。因
为僭主制虽然也是一种君主政体，
但只为单一的统治者谋求利益；寡
头政体只为富人谋求利益；平民政
体只为穷人谋求利益。这些蜕变了
的政体无一愿为所有公民谋取共同
的利益。（《政治学》1279ᵇ）

时空穿梭者

您区分了六种政体，那么他们之间
是如何演变而来的呢？

亚里士多德

远古之际，城邦只有少量居民，因
而难得发现德性拔群之人，所以
王制的起源甚为久远。况且成为君
王的人一般都确有光辉业绩，能有
此业绩者必为善良之人。但是，随
着在德性方面堪与王者相较之人
逐渐增多，他人便不再甘于人下，
转而谋求某种共和体制，并建立相
应政体。但他们很快就堕落了，从
公共财产中大饱私囊，便自然而然

地转向了寡头政体,因为财富已成为荣誉的象征。各种寡头政体首先又产生出僭主制,从僭主制中随后又产生了平民制。因为当权者贪婪成性,导致权力集团的人数不断减少,相应地扶植了群众的力量,以致最终被平民大众践踏,从而形成了平民政体。(《政治学》1286ᵇ)

时空穿梭者

那么依您之见,应当像老子所说,将国家交由"圣人"治理吗?

亚里士多德

然而如此一来,其余的人必然会都与荣誉无缘,失去在行政统治中任职的荣誉和资格。由于各种官职都是某种荣誉或资格,如果同样的人始终占据这些官职,那么其他人就必然会被排斥在荣誉之外。那么,让最为出色的一个人来统治会不会好些呢?但是这会更具寡头色彩,城邦内失去荣誉的人就更多。(《政治学》1281ᵃ)对于那些凭借德性或财富认为自己应当掌权的人,作为大多数的百姓可以理直气壮地向他们说,如果不是以一对一地作比较,那么众人作为集体完全比他们这些富有但居于少数的人更优秀、更富有。(《政治学》1284ᵃ)

时空穿梭者

那么依您之见，政体之间到底孰优孰劣呢？

亚里士多德

最神圣的政体的蜕变必定是最恶劣的政体。君主制要么有名无实，要么是凭借君王的诸多卓越之处；因此，僭主制或暴君制定是最恶劣的政体，在另一极端上走得最远。其次就算寡头政体了，这种政体与贵族政体相去甚远。三类变体中最可忍受的是平民政体。(《政治学》1289ᵃ–1289ᵇ)

时空穿梭者

老子，依亚里士多德所说，由守护公共财产的君王统治的君主制是最好的政体，您怎么看？

老子

原来圣人没有自己的财产，做到常人眼中的无私，反而跃身人前，把握要害，才能达到更高层次的目的啊。

是以圣人后其身而身先，外其身而身存。(《王·第七章》)

非以其无私舆，故能成其私。(《河·第七章》)

时空穿梭者

那么君主制成功的原因是什么？

老子

毋狎其所居，毋厌其所生。夫唯弗厌，是以不厌。是以圣人自知而不自见也，自爱不自贵也，故去彼取此。(《帛·第七十二章》)

时空穿梭者

原来统治者要爱护百姓，不能过分重视自己啊。

时空穿梭者

依照亚里士多德所说，将公共财产据为私有的寡头统治的制度是贵族制的堕落，您怎么看？

老子

刻意追求，反而得不到好结果。

将欲取天下而为之，吾见其弗得已。夫天下，神器也，非可为者也。为之者败之，执之者失之。（《帛·第二十九章》）

时空穿梭者

依亚里士多德所说，共和政体是多数人的统治，您怎么看？

老子

要让百姓都发表意见，才能做出争取的决定。

善者善之，不善者亦善之，得善也。信者信之，不信者亦信之，得信也。（《帛·第四十九章》）

时空穿梭者

那么圣人岂不是无用武之地了？

老子

不管对方是好还是坏，都要对他好，这样就好了；不管大家是否可以信赖，只要信赖了，就会变得可以信赖。

圣人恒无心，以百姓之心为心。圣人之在天下也，歙歙焉，为天下浑心，百姓皆注其耳目焉，圣人皆孩之。（《帛·第四十九章》）

时空穿梭者

那么治理国家是不是只要让百姓物质生活富足就可以了？

老子

缤纷的色彩、动听的音乐、美味的佳肴、欢快的游猎和珍贵的财宝，对我来说都充满诱惑啊。丰富的物质生活虽然满足了百姓的感官欲望，但是使得人心浮动。

五色令人目盲；五音令人耳聋；五味令人口爽；驰骋畋猎，令人心发狂；难得之货，令人行妨。（《王·第十二章》）

时空穿梭者
物质财富反而妨害心态。

老子
不能重视贤能之人，不应倚重贵重的宝贝啊。只有让人的欲望收敛，才能让民众不发生混乱。

不尚贤，使民不争。不贵难得之货，使民不为盗。不见可欲，使民不乱。（《帛·第三章》）

时空穿梭者
亚里士多德，老子说"不尚贤，使民不争"，您怎么看？

亚里士多德
对于平民、寡头、君主政体及任何政体而言，共同的要旨是不能让一人的势力异乎寻常地膨胀，应当尽量设法在长时间内一点一滴地授人以名位，而不是骤然间授之以显赫高位，因为毕竟不是人人都能交上好运，人是会腐化堕落的。（《政治学》1308^b）

时空穿梭者
看来您非常同意啊。

亚里士多德
有些人认为其他与自己相同的人多占了便宜，而自己所得甚少，便会兴师问罪，名曰追求平等；另一些人自觉与人不同，其所得却并未多过他人，而是与他人相等或更少，同样会兴风作浪，以期不凡与优越。在各城邦中，有人为了替他们自己或他们的朋友摆脱耻辱或罚款，往往不惜引发一场内乱。（《政治学》1302^a）凡是中产阶层人多的地

方，公民之间就很少有党派之争。（《政治学》1296ᵃ）

时空穿梭者
众所周知，您长期生活在雅典。那么请问雅典是怎样保证在自由人之间的权力平等的呢？

亚里士多德
除了军队司库、祭祀钱财监管人和井泉检察官，各类常规治理的官员均由抽签产生；这些官员经举手表决产生，他们任职期间为两次祭神庆典之间的时间。军队方面的所有官员均通过举手表决产生。五百人议事会采用抽签选举，每一部族出50人。主议官由每一部族轮流担任，全凭抽签决定顺序。（《雅典政制》第四十三段）

时空穿梭者
那么是由少部分人作裁决吗？

亚里士多德
公民们举行审理各种问题的集会，审议和裁决一切事宜，而且他们裁决的都是个别的事例。（《政治学》1286ᵃ）

时空穿梭者
由公民们裁决可靠吗？

亚里士多德
如果单独讨论公民大会的一个成员，恐怕确实不如他人；但城邦原本是由众多的公民构成的，正如由众人筹资举办的宴席胜于由一人出资举办的宴席，在众多事情上，众人的判断优于一人的判断。（《政治学》1286ᵃ）

时空穿梭者

亚里士多德，老子说"不贵难得之货，使民不为盗"，您又怎么看？

亚里士多德

很显然，做零售买卖并非发财致富的自然部分；如果是那样的话，人们在生活充裕时就应当终止交换了。(《政治学》1257[a])赚钱不但是受约束的生活，而且财富显然不是吾等寻求之善。(《尼各马可伦理学》1096[b])有些人认为，发财致富就是家务管理的目的，而且生活的全部意义就在于无限地聚敛财富或千方百计不让财富减少。有这种想法，是因为人们仅知道生活而不去追求美好的生活。而且，如同欲望无限，他们乞求满足的手段是无限的。(《政治学》1257[b]-1258[a])最为可恶的是高利贷，它遭众人唾弃难辞其咎，它用金钱本身谋取暴利，而非由金钱的自然目的来获利。因为金钱本来是用来交换的，而不是用来增加利息的。(《政治学》1258[b])

时空穿梭者

亚里士多德，老子说"不见可欲，使民不乱"，您认为社会动乱的原因是什么？

亚里士多德

平民主义者认为自己与他人平等，便要求在所有方面同他人享有平等的权利。寡头主义者既然已经与别人不平等，便企求多占多得，因为多占多得便是不平等。因此，一旦人们在政体中未能如预期地享

有其分内的权利，他们就会群起攻之。（《政治学》1301ᵃ）

亚里士多德

逐一而言的话，首先，君主制可因谦恭有度（τό μετριώτερον）而保全。倘若王权范围越小，其王位则定能维持更长的时间。因为这样的君王更易同常人平易而处，不会奉行专制极权，而且也较少遭受臣民妒忌。（《政治学》1313ᵃ）其次，僭术归纳起来有三类，目的亦有三种：第一，压抑公民心志，因为心智狭隘的人不会图谋反叛任何人；第二，在公民中营造不信任的气氛，因为在人们达成彼此之间的信任之后，僭主制会被推翻；所以，只要圣贤对其权力构成了威胁，僭主就要向他们发难。圣贤们不但不愿屈从于专制，而且他们之间满怀信任，也绝不出卖同侪；第三，使公民们没有力量或不可能有所作为，因为谁也不会试图去做不可能做到的事情。所以只要人们软弱无力，就不会终结僭主制。（《政治学》1314ᵃ）

ARISTOTLE

ON THE

ATHENIAN CONSTITUTION

TRANSLATED WITH INTRODUCTION
AND NOTES

BY F. G. KENYON, M.A.
Fellow of Magdalen College, Oxford

LONDON:
GEORGE BELL AND SONS, YORK STREET,
COVENT GARDEN.
1891.

时空穿梭者

看来您重点谈论的是由个别统治者统治时，如何维持社会稳定的原理。从形式上来看，老子所说的"圣人"治理正是防治君主成为僭主的问题。那么，请问老子，您认为圣人应当如何维持社会稳定呢？

老子

是以圣人之治也，为腹而不为目，故去彼取此。（《帛·第十二章》）

时空穿梭者

我想"为腹"是满足温饱，"为目"是激发其他欲望。统治者的关键是要满足人民的基本需求，但又不让他们胡思乱想。请问具体该怎么做呢？

老子

圣人治国的方法，是让人民吃饱，而没有非分之想；让人民强壮，而没有过多欲望。

是以圣人之治也，虚其心，实其腹；弱其志，强其骨。恒使民无知无欲也。（《帛·第三章》）

时空穿梭者

亚里士多德，您同意吗？

亚里士多德

城邦共同体不能仅以生活为目的，而应谋求更优质的生活；否则，奴隶和动物也可以组成城邦了，可是至今闻所未闻。因为奴隶和动物既不能共享幸福，也不能一同享受符合目的的生活。（《政治学》1280ᵃ）

时空穿梭者

看来两位在治国理念上有所分歧。老子认为只需要满足基本需求，重在精神培育而非物质欲望满足；亚里士多德则认为这似乎属于僭主的伎俩，追求不断增长的幸福是人民的权利。老子，您有什么意见吗？

老子

治理人事要节欲，早日如此就能积累德行，从而建功立业，获得长久的成功。

治人事天若啬。夫唯啬，是谓早服。早服谓之重积德。重积德则无不克，无不克则莫知其极，莫知其极，可以有国。有国之母，可以长久。是谓深根固柢，长生久视之道。（《王·第五十九章》）

时空穿梭者

这么看来，您认为满足人的欲望与追求幸福是存在差异的？

老子

如果放弃小聪明，人们会得到更多好处；不重视物质享受，盗贼就会消失；杜绝诈骗作假，人们就会像孩子一样纯真。因此，要让人们的思想统一到朴素单纯的状态。

绝知弃辩，民利百倍。绝巧弃利，盗贼无有。绝伪弃诈，民复季子。三言以为辩不足，或命之、或乎属视素保朴，少私寡欲。（《竹·第十九章》）

时空穿梭者

人们会愿意返璞归真吗？

老子

行大道是日积月累的，而人民喜欢走捷径。现在不做好本职工作但是骄奢淫逸的人太多啦！

使我介然有知，行于大道，唯施是畏。大道甚夷，而民好径。朝甚除，田甚芜，仓甚虚。服文采，带利剑，厌饮食，财货有余，是谓盗夸。非道也哉！（《王·第五十三章》）

时空穿梭者

以所谓的幸福的名义放弃正直的道路的人也不少啊！按照您的办法，或许人们的私心和欲望得以减少，但这样有助于国家治理吗？

老子

统治者什么都不做，国家却都治理好了，不会动乱。

使夫知不敢，弗为而已，则无不治矣。（《帛·第三章》）

第二节　治理的机制：无为与法制

时空穿梭者	老子
刚才我们从"天道"谈到了"人道"，尤其是分析了我国古代与古希腊不同的政治体制。老子和亚里士多德都崇尚正义的君主制，但是在如何满足人民的需求，以及人民应当具有何种需求等问题上，有不同看法。下面，我们就请二位继续阐述何为良好的治理方式。	当真理失效的时候，才谈仁义；但家庭争执的时候，才谈孝道；当国家混乱的时候，才涌现忠良的大臣。 *故大道废焉，有仁义；六亲不和焉，有孝慈；邦家混乱焉，有正臣。（《竹·第十八章》）*

时空穿梭者	老子
您强调的是国家良治的重要性。世风日下，仁义的人才纷纷涌现；家庭磕磕绊绊，父慈子孝才显得重要；国家混乱之际，劲草忠臣才更为珍贵。	百姓的贫穷、混乱和不怕死，都是国家缺乏治理的表现，关键统治者要爱护苍生。 *人之饥也，以其上食税之多，是以饥。百姓之不治也以其上之有以为也，是以不治。民之轻死也，以其求生之厚也，是以轻死。夫唯无以生为者，是贤贵生。（《帛·第七十五章》）*

时空穿梭者	老子
惩罚恶人，警示大众，这也是爱护苍生吗？	如同鱼离不开水，刑罚不可以拿出来吓唬百姓。 *鱼不可脱于渊，国利器不可以示人。（《帛·第三十六章》）*

时空穿梭者

爱护苍生，就要无为。威望和刑法都是强硬手段，不可以随便使用。

老子

当人民无所畏惧的时候，让统治者真正害怕的力量就要形成了！

民之不畏威，则大威将至矣！（《帛·第七十二章》）

时空穿梭者

高压统治是行不通的，所以不能用简单粗暴的统治方式吧。

老子

如果百姓习惯了高压统治，也就不害怕，而压迫百姓也会反过来伤害统治者。

若民恒且不畏死，若何以杀惧之也？使民恒且畏死，而为奇者，吾得执而杀之，夫孰敢矣？若民恒且必畏死，则恒有司杀者。夫代司杀者杀，是谓代大匠斫，夫代大匠斫，则希有不伤其手。（《帛·第七十四章》）

时空穿梭者

那么应该如何治国呢？

老子

治理国家就像蒸鱼一样。

治大国，若烹小鲜。（《帛·第六十章》）

时空穿梭者

治理大国和蒸鱼，有什么共同点呢？

老子

治理国家要走正道，带领军队要出其不意，而平定天下就不能做过分的事。

以正治邦，以奇用兵，以无事取天下。（《竹·第五十七章》）

时空穿梭者
能具体谈一下治国的方式吗?

老子
最好的统治者,百姓不知道他的存在;其次的,百姓亲近他、称赞他;再次的,百姓害怕他;统治者诚信不足,百姓就不会相信他。所以说,最高明的治国方法是不随意颁布法令,而老百姓以为成功都是自然而然得来的。

大上,下知有之,其次亲誉之,其次畏之,其次侮之。信不足安,有不信。犹乎其贵言也。成事遂功,而百姓曰我自然也。(《竹·第十七章》)

时空穿梭者
原来治国方法也有高下之分,看来统治者的诚信最重要啊。

老子
虽然有学问的人会想到各种规矩,但是懂得规律的治理者为各种规则作减法,反而建立了普遍可行的社会秩序。

学者日益,为道者日损。损之又损,以至于无为也,无为而无不为。(《竹·第四十八章》)

时空穿梭者
没有规矩,才成了方圆。

老子
理想的统治者应当不做过分的事,不要用繁复的法令来教化百姓。

是以圣人居无为之事,行不言之教。(《帛·第二章》)
不言之教,无为之益,天下希及之。(《王·第四十三章》)

时空穿梭者
的确，相辅相成的事实告诉我们要
这样做。

老子
统治者不用做什么，就像宇宙自然
的规律那样，那么万物都将回到
它自己的位置上，天地融洽，人民
幸福。

道恒无为也，侯王等守之，而万物将自
化。化而欲作，将镇之以无名之朴。夫亦
将知足，知足以静，万物将自定。
（《竹·第三十七章》）

侯王如能守之，万物将自宾。天地相合
也，以逾甘露。民莫之令而自均安。
（《竹·第三十二章》）

时空穿梭者
您认为统治者无为，
天下也能自安。

老子
在事业开始、进行和完成之时，统
治者都不能邀功自傲。认识到事业
成功是各种因素综合作用的结果，
才能永远活在人民心中。

万物作而弗始，为而弗恃也，成功而弗
居也。夫唯弗居，是以弗去。（《帛·第二
章》）

时空穿梭者
这是统治者应有的品格？

老子
海洋居下，所以峡谷中的水都流入
海洋。圣人虚怀若谷，虽然在高位，
但是不争名利，使人民获得实际
利益。

江海所以为百谷王，以其能为百谷下，是以
能为百谷王。圣人之在民前也，以身后之；
其在民上也，以言下之。其在民上也，民
弗厚也；其在民前也，民弗害也；天下乐进
而弗厌。（《竹·第六十六章》）

时空穿梭者
真是无为而治的体现啊。

老子
不参与无谓的竞争，才能专心做好最重要的事情。

是以圣人执一，以为天下牧。夫唯不争，故莫能与之争。古之所谓曲全者，几语哉？诚全归之。（《帛·第二十二章》）

时空穿梭者
亚里士多德，老子主张"无为而治"，您怎么看？

亚里士多德
有人认为，自由的生活胜于独裁者的生活，这点十分正确。因为驱役奴隶毫无光彩可言，而在日常事务中发号施令也谈不上高尚。但是，认为所有的官员都奉行了独裁和专制就偏颇了，因为对自由人的统治和对奴隶的统治有很大的不同。而且，把消极无为看得高于有所作为也是不对的。因为幸福即是行为，并且公正和节制的行为之中有着各种高尚的目的。（《政治学》1325ᵃ）

时空穿梭者
看来两位对"无为而治"的看法并不一致啊。老子，您有什么要补充的吗？

老子
人民想法太多，法律太过繁细，反而使国家容易混乱。治理者通过高效管理，让人民返璞归真，社会反而向好发展。所以治国要淳朴、秉正，统治者要正直、清廉。

夫天多忌讳，而民弥叛。民多利器，而邦滋昏。人多而知奇物滋起。法物滋章，盗贼多有。是以圣人之言曰："我无事而民自

富，我无为而民自化，我好静而民自正，我欲不欲而民自朴。"（《竹·第五十七章》）

其政闷闷，其民淳淳；其政察察，其民缺缺。其无正，正复为奇，善复为妖。人之迷，其日固久。是以圣人方而不割，廉而不刿，直而不肆，光而不耀。（《王·第五十八章》）

时空穿梭者

亚里士多德，老子认为"法物滋章，盗贼多有"，反对法律的作用，您怎么看？

亚里士多德

法律是摒弃了欲望的理智。（《政治学》1287[a]）合适的法律可拥有最高的权力，官员只是在法律无法详细述及的事情上起裁决作用，因为任何普遍的论述都难以囊括所有的事实细节。（《政治学》1282[b]）

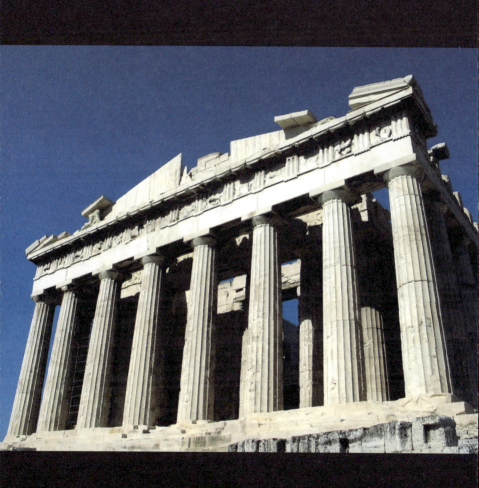

第三节　理想的邦国: 小邦寡民与希腊城邦

时空穿梭者

刚才我们讨论国家政治体制和治理方式等问题。老子认为, 理想的体制是君主的人治, 具体方式是无为而治, 解决温饱问题, 但是要防止民心涣散。亚里士多德则认为, 理想的政体有三种, 最好的是追求幸福的君主制, 人们应当制定各种政策, 而官员也应当遵从法律的规定。看来两位在现实世界的差异比在宇宙的认识上要大得多。那么最终实现的理想国家是什么样子的呢?

老子

小邦寡民。(《帛·第八十章》)

亚里士多德

当多个村落为满足生活的需要, 以及为生活得美好而结合成共同体, 当这个共同体大到足以自给自足的时候, 城邦就产生了。(《政治学》1252ᵇ) 因此, 城邦是自然的产物, 人天生是一种政治动物。(《政治学》1253ᵃ)

时空穿梭者

虽然两位出发点不同, 但是理想邦国都是"小邦寡民"啊。请问亚里士多德, 既然城邦比村落大, 那么城邦有多少人口呢?

亚里士多德

十个人构不成城邦, 但是如果有十万人, 城邦也就不再是城邦了。(《尼各马可伦理学》1170ᵇ) 城邦倘若过小便不能自足; 过大的城邦虽能满足种种日常所需, 但因为难以建立起政体, 所以也不算真正的城邦。(《政治学》1326ᵇ) 实践证明, 人口过多的城邦很难或者不可能有良好的法制。那些治理有方的著名城邦无一不控制人口。(《政治学》

1326ᵃ）疆域的数量和大小也应该能够使城内居民过上闲暇、宽裕并且是节制的生活。（《政治学》1326ᵇ）

时空穿梭者

那么，请问老子，小邦的生活是怎么样的呢？

老子

人民热爱本邦，不愿迁徙，与他国和平共处。人民回到渔牧生活，人们安居乐业，遵从本地的文化和传统。小邦虽有车船，但不远行；虽有兵器，但不打仗。

使有十百人器而勿用，使民重死而不远徙。有舟车无所乘之，有甲兵无所陈之。使民复结绳而用之。甘其食，美其服，乐其俗，安其居。（《帛·第八十章》）

时空穿梭者

这是个小城镇吗？

老子

邻国相望，鸡犬之声相闻，民至老死不相往来。（《帛·第八十章》）

时空穿梭者

亚里士多德，老子主张"老死不相往来"，您怎么看？

亚里士多德

如果我们说的不错，并且幸福就是善的行为，那么，对于所有的城邦共同体与个人，实践的生活就是最好的生活。不过，实践不一定就像有些人所想的那样是与他人相关，而思想也不一定仅仅与实践方面的事物或从行为中产生的结果相关，而宁可说它是自身完满和为其自身的思辨和沉思。因为善良的行为即是目的，所以某一行为自身就可能是目的。而我们说起主宰作用的思想较之外部的行为更为主要地是一种行为——最高级的行为。而且那些自身孤立、选择了一种自立生活的城邦，也未必就是消极无为，因为行为可以按部分进行，于是这样的城邦的各个部分就可以在彼此之间进行许许多多互通的行为。（《政治学》1325ᵇ）

时空穿梭者

您的意思是，如果城邦自身能够在各部分之间充分交流、自给自足，那么缺少对外交流也不是不可能的。但是，我们知道古希腊海上贸易发达，您所说的互通行为，也包括海上贸易吗？那么您认为"海上往来"是理想邦国应有之义吗？

亚里士多德

对法制良好的城邦而言，海上的往来是有利还是有害，人们看法不一。有人说让生活在其他法律环境的异乡人入境对城邦的良好法制不利，并且增加了人口。而海路利用的增加，造成众多商人进进出出，阻碍了城邦的良好治理。（《政治学》1357ᵃ）

时空穿梭者

所以您主张"老死不相往来"？

亚里士多德

诚然如此，但倘若避开了不利方面，海上往来益处极大。无论是就安全还是生活必需品的充足供应而言，城池及其疆域都应该联通海路，这一点毫无疑问。（《政治学》1357ᵃ）

时空穿梭者

城邦之间往来有什么好处呢？

亚里士多德

城邦缺乏的必需品可以通过海路输入，而本邦的多余物品则可通过海路输出。城邦就应该是一个市场，不是为了其他城邦，而是为了自己。那些成为一切城邦的共同集市的城邦之所以这样做，全都是为了公共财政收入。（《政治学》1357ᵃ）

时空穿梭者

城邦间的交往有助于商品交换，促进经济发展。

亚里士多德

城邦面对敌人时，从陆地和海洋两方面防御就更容易。即使不能同时从两方面出击，至少坐拥两路兵力，从任何一方面也更容易回击入侵之敌。（《政治学》1357ᵃ）

时空穿梭者

所以通海路也有助于保障城邦的安全。请问古希腊人都很好战吗？

亚里士多德

有些地方的法律尚武。据说迦太基（Καρχηδόνιος）士兵出征多少次就能戴上多少只象征荣誉的袖环。马其顿（Μακεδονία）有法律规定，尚未杀死过敌人的男子只能在腰间束根络带；而在斯居泰（Σκύθης），没有杀死过敌人的人在庆宴上不得喝某只在众人手中传递的酒杯中的酒。（《政治学》1324ᵇ）

时空穿梭者

看来两位对邦国之间是否应当来往持有不同看法。那么，请问老子，您对古希腊部分地区崇尚战争怎么看？

老子

兵者不祥之器也，不得已而用之，铦锐为上，弗美也。（《竹·第三十一章》）

时空穿梭者

您既然认为如果要打仗，就要使得刀剑锋利，那为什么又认为打仗不好呢？

老子

喜欢打仗就是喜欢杀人，而喜欢杀人就不能让天下臣服，所以大战是一件令人悲哀的事情。

美之，是乐杀人。夫乐杀人，不可以得志于天下。故吉事上左，丧事上右。是以偏将军居左，上将军居右，言以丧礼居之也。故杀人众，则以哀悲莅之；战胜则以丧礼居之。（《竹·第三十一章》）

时空穿梭者

战争造成大量死伤和悲痛，确实令人惋惜。那么亚里士多德，您本人也崇尚战争吗？

亚里士多德

战争技术是一门关于获取的自然技术，包括狩猎的内容在内；我们应当用这门技术来捕获野兽，并捉拿那些天生就应该由他人来管理而不愿臣服的人，而这样的战争自然且公正。（《政治学》1256ᵇ）很明显，所有好战的民族尽管都极力美化和崇尚战争，但战争终究不是所有事物至高的目标，而只能是达到这一目的的手段。（《政治学》1325ᵃ）

时空穿梭者
既然两位都反对战争，那么战争是可以避免的吗？

老子
天下有道，却走马以粪；无道，戎马生于郊。（《帛·第四十六章》）

时空穿梭者
您以马的处境作比喻，看来战争是无道的体现了。那么，请问亚里士多德，如何避免战争呢？

亚里士多德
无疑，拥有一定数量的海军是最好不过的事情，因为城邦不仅要对自己的公民而且要对某些邻邦保持威慑力量，或者增援某些邻邦。不仅通过陆路，也应通过海路做到这点。（《政治学》1325ᵃ–1327ᵇ）

老子
军事家说过，"不求主动求被动，不用进攻要后退"。

用兵有言曰："吾不敢为主，而为客；不敢进寸，而退尺。"（《帛·第六十九章》）

时空穿梭者
明白了，两位的意思是至少要保持一定威慑力。但是"威慑"、"退尺"不会很被动吗？

老子
这叫做行动不定，进退无规律，则攻击力高，未遇敌手。最大的祸患就是找不到对手。强者相遇，奋勇的一方才能成功。

是谓行无行，攘无臂，执无兵，扔无敌。祸莫大于无敌，无敌近几丧吾宝矣。故抗兵相若，而哀者胜矣。（《帛·第六十九章》）

时空穿梭者

战争中不应该主动进攻吗? 战争中难道不是应该不择手段的吗?

老子

不能强行靠武力取得天下, 而要靠人心。在军事方面取得胜利就可以了, 不能肆意妄为、骄傲自大、穷兵黩武。

以道佐人主者, 不欲以兵强于天下。善者果而已, 不以取强。果而弗伐, 果而弗骄, 果而弗矜, 是谓果而不强。其事好还。(《竹·第三十章》)

时空穿梭者

既然不通过战争手段, 那如何让对方投降?

老子

不可以有所作为, 才能让别人心悦诚服地投靠我方。

取天下常以无事, 及其有事, 不足以取天下。(《竹·第四十八章》)

时空穿梭者

以德服人。

老子

所以真正能打胜战的人, 不随意发动战争, 而是顺其自然。

故善为士者不武, 善战者不怒, 善胜敌者弗兴, 善用人者为之下。是谓不争之德。是谓用人。是谓配天, 古之极也。(《竹·第六十八章》)

时空穿梭者

这就是国家之间相处的关键吗?

老子

大国应当顺其自然, 而不强行夺取。

大国者, 下流也, 天下之牝也。天下之交也。牝恒以静胜牡。为其静也, 故宜为下也。故大国以下小国, 则取小国。小国以下大国, 则取于大国。故或下以取, 或下而取。故大国者不过欲并畜人, 小国不过欲入事人。夫皆得其欲, 则大者宜为下。(《帛·第六十一章》)

时空穿梭者

这正是我们所说的"和谐社会"啊，看来避免战争是小邦治理的重要措施。

亚里士多德

在我们所述的所有保全政体的措施中，最重要的是依照整体的宗旨对公民实施教育，不幸的是今天所有人都忽视了这点。（《政治学》1310ᵉ）

时空穿梭者

看来亚里士多德要强调城邦中教育的作用。老子，您怎么看？

老子

以前善于统治的人，并非让人民聪明了去耍小聪明，而是让他们返璞归真。人民之所以难以治理，是因为太过狡猾。所以总是希望国家聪明起来的人，是国家的害虫；反而让国家朴素的人，才是国家的希望。这是关键，是规律，是高深的道理。虽然看起来与事物相违背，但实际上神秘莫测，与万物和谐并处。

古之善为道者，非以明民也，将以愚之也。夫民之难治也，以其智也。故以智知国，国之贼也；以不智知国，国之德也。恒知此两者，亦稽式也。恒知稽式，是谓玄德。玄德神矣、远矣，与物反也，乃至大顺。（《帛·第六十五章》）

时空穿梭者

看来老子反对鼓励国民小聪明式的教育。那么亚里士多德，您同意老子的观点吗？

亚里士多德

关心教育不是私事，而是城邦共同的责任。（《政治学》1337ᵉ）人们通过三种途径成为善良贤明之人。这三种途径是本性、习惯和理性。本性应当在先，譬如，首先必须是人而不是其他动物，从而它就具备了某种本性，具有了身体和灵魂。有一些自然禀赋是没有什么用处的，习惯会逐渐改变它们；另一些禀赋天生就有两种可能，受习惯熏染变坏或变好。其他种类的动物主要靠自然本性生活，极少会受习惯影响。人类还能够依靠理性，因为只有人才具有理性。因而，本性、习惯和理性三者应该彼此一致。人们增长学识既靠习惯，也靠聆听他人教诲。（《政治学》1332^a–1332^b）

时空穿梭者

那么，对人民应当实施怎样的教育呢？

亚里士多德

统治者与被统治者是否应该有所更替或终身固定不变？显然，应当根据对此的不同选择来制定城邦的教育体制。（《政治学》1332^b）习惯上教育分为四类，即读写、体育、音乐和绘画。读写和绘画在生活中有许多用处，体育锻炼有助于培养人的勇敢，关于音乐则有争议。今天大多数人修习音乐都是为了娱乐，但是最初设置音乐的目的在于教育。我们多次说过，人的本性渴望的不仅是能够胜任劳动，而且是能够安逸闲暇。（《政治学》1337^b）学习音乐的原则是，不能为竞赛而刻苦训练，也不能追求奇诡险怪的表演。

（《政治学》1341ᵃ）因而，教育公民的子女，既不应立足于实用，也不应立足于必需，而是为了自由而高尚的情操。（《政治学》1338ᵃ）处处寻求实用是对自由大度胸怀的极大扭曲。（《政治学》1338ᵇ）

时空穿梭者

看来两位想法还是相当近似的。两位心目中理想的邦国都是人数不多的小邦。在邦国中，由贤人统治，以人格的自由发展为目标，仅仅实施必要的统治。人民得以安居乐业，社会秩序安定有序，我们都乐于生活在这样的国家里呢。

第四章　个人的修养

第一节 品格的来源: 无为与有为

时空穿梭者
我们刚才由"天道"谈到"国家"。二位似乎都认为由圣贤治理的小国是令人向往的理想国家。请问为国家服务的过程中,能塑造一个人的品格吗?

亚里士多德
毕阿斯(Βίαντος)曾说"公共职务显示人品"。所言甚是,因为担任公职的人定要与他人交往,成为公共团体成员。(《尼各马可伦理学》1130ᵃ)

时空穿梭者
亚里士多德认为人品在担任公职中可以塑造,老子您同意吗?

老子
有道德的人不刻意培养道德,所以处处流露出素养;没有道德的人,刻意留心道德,所以时时缺乏品质。
上德不德,是以有德。下德不失德,是以无德。(《帛·第三十八章》)

时空穿梭者
看来一方面两位都承认个人修养的重要性,但另一方面就如何培养高尚品质又有不同看法。老子,请问您觉得加强个人修养有技巧吗?

老子
我恒有三宝,持而保之。一曰慈,二曰俭,三曰不敢为天下先。(《帛·第六十七章》)

时空穿梭者
为什么慈、俭、不为先是个人修养的法宝呢?

老子
心中有爱,才能勇敢;为人勤俭,才能广博;甘为人后,才能长久。
夫慈,故能勇;俭,故能广;不敢为天下

先，故能成器长。（《帛·第六十七章》）

时空穿梭者
那您认为慈、俭和不为先，哪个才
是最重要的品质呢？

老子
发自内心的爱是修养的终极目标。

夫慈，以战则胜，以守则固。天将建之，如
以慈垣之。（《帛·第六十七章》）

时空穿梭者
那么您觉得当代人具有这些
品质吗？

老子
当代人放弃了根本性的慈、俭、后，
而急功近利地追求表象的品质，是
不对的。

今舍慈，且勇；舍其俭，且广；舍其后，且
先；则死矣。（《帛·第六十七章》）

时空穿梭者
亚里士多德，您怎么看？

亚里士多德
凡人之技艺、探索、实践与抉
择，均在至善。（《尼各马可伦理学》
1094^a）政治学的目的在于至善。
（《尼各马可伦理学》1094^b）但年轻人
不适于学习政治学。他们的生活与
欲望受感情主宰，与不能自制的人
相仿。所以对他们而言，知道等于
不知道。（《尼各马可伦理学》1095^a）

时空穿梭者

亚里士多德,现在的年轻人经历丰富,信息多元,您尽可畅谈"至善"之学。请问,修养是天生的吗?

老子

善于跑步的人,根本没有足印;善于演讲的人,说话没有瑕疵;善于计算的人,根本不用工具;善于锁门的人,没有钥匙别人根本敲不开;善于打结的人,别人怎么也打不开。

善行者无达迹,善言者无瑕谪,善数者不用筹策。善闭者无关楗而不可启也,善结者无绳约而不可解也。(《帛·第二十七章》)

时空穿梭者

这么说起来,有德性的人,我们都是后天学不会的咯?亚里士多德,请问您怎么看?

亚里士多德

德性分两种:理智德性和道德德性。理智德性由教育产生,经时间考验。道德德性则由习惯养成,既不出乎自然,也非反乎自然。自然馈赠的能力虽以潜能形式获得,但德性需先运用,才能获得。(《尼各马可伦理学》1103ª)能力是自然赋予的,善恶则并非自然的。(《尼各马可伦理学》1106ª)

时空穿梭者

亚里士多德的话,让我这个平凡的人看到了一丝希望。

老子

虽然人的禀赋是有差异的,但是只要树立了好的榜样,人人可以做尧舜,万物都可以有用,我们平凡人能够一同被带入好的生活之中。

是以圣人恒善救人,而无弃人,物无弃财,是谓曳明。(《帛·第二十七章》)

时空穿梭者	亚里士多德
那么，人应当过怎么样的生活呢？	生活方式主要有三种。第一种是最流行的享受的生活，另一种是政治生活，第三种是思辨的生活。（《尼各马可伦理学》1095ᵇ）

时空穿梭者	亚里士多德
那么请问声色犬马的生活、参与政治活动的生活和个人沉思的生活，哪种是您认为最好、最幸福、最有修养的生活呢？	一般的人明显过着奴性的、动物性的生活。尚名誉、乐社交的人认为荣誉就是幸福，就是政治生活的目的。此见甚为肤浅。因为荣誉由人授予，而非不易被夺之物。（《尼各马可伦理学》1095ᵇ）

时空穿梭者	亚里士多德
这么看来，前两种生活只是表象，并没有深入精神层面。	实现幸福的活动是思辨。首先，思辨是最高等的实现活动。其次，它比其他活动都更持久。第三，符合智慧的活动是所有实现活动最令人快乐的。第四，思辨是自足的。第五，思辨受人喜爱仅因其自身的原因。第六，幸福中包含闲暇。（《尼各马可伦理学》1177ᵃ–1177ᵇ）

时空穿梭者	老子
因此您认为最高贵生活是思辨的生活，是自省的活动。请问老子，您同意亚里士多德的观点吗？	能否保持精神与肉体的统一？能否保持像婴儿一样温顺而有生命力？能否时常反省自己的言行？能否不主观臆断而治理国家？能否像上天一样宽容处事？能否顺从自

然发展的规律行事？

载营魄抱一，能无离乎？专气致柔，能婴儿乎？涤除玄览，能无疵乎？爱民治国，能无知乎？天门开阖，能无雌乎？明白四达，能无为乎？（《王·第十章》）

时空穿梭者
这些问题都是重要的思辨内容，看来二位的看法相当一致。那么为了培养思辨的生活，我们究竟应该积极实践还是努力静观呢？

亚里士多德
倘若幸福应通过努力获得，而非通过运气获得，那么我们应当认为努力就是获得幸福的方式。（《尼各马可伦理学》1099[b]）

时空穿梭者
亚里士多德说要靠实践，那老子您认为呢？

老子
为无为，事无事，味无味。（《王·第六十三章》）为者败之，执者失之。是以圣人无为故无败，无执故无失。（《王·第六十四章》）

时空穿梭者
看来二位观点并不相同。老子，您认为"无为"不仅可以治国，而且可以治心！请问为什么"无为"比"有为"更重要？

老子
上德无为而无以为也。上仁为之而无以为也。上义为之而有以为也。上礼为之而莫之应也，则攘臂而扔之。（《帛·第三十八章》）

时空穿梭者

看来事物通过比较才有真知。您将德、仁、义、礼进行比较。这么看来，您对修养的标准有两个，即客观行动和主观态度两方面咯。有德的人没有特别的目的和行动；仁爱的人没有目的，但会刻意去做些事；知义的人带着具体的动机来故意行事。最差劲的是刻板守礼，做表面文章的人。因为即使没有人响应讲究礼仪的人，他们还要硬来。

时空穿梭者

用道的标准来衡量，只做表面文章的礼仪确实毫无忠信、愚蠢之极。

时空穿梭者

所以，似乎二位修行的方法不同。

老子

有德优于怀仁，怀仁优于知义，知义优于守礼。

故失道而后德，失德而后仁，失仁而后义，失义而后礼。夫礼者，忠信之薄也，而乱之首也。前识者，道之华也，而愚之首也。（《帛·第三十八章》）

老子

应该舍弃浮夸的礼仪，而遵循有道的德行。

是以大丈夫居其厚而不居其薄，居其实而不居其华，故去彼而取此。（《帛·第三十八章》）

114

第二节　日常的修养：待己与待人

时空穿梭者

虽然二位对修行的看法不同，但是或许二位心目中品德高尚之人是一样的，也未可知。请问，修养纯良之人大体上具备哪些品格？

亚里士多德

最好自己有脑子，愿听劝告也算好，而没脑子又不听劝的人，是最低等的人。（《尼各马可伦理学》1095ᵇ）

时空穿梭者

您的意思是人首先要通过各种办法正确对待自己，而锻炼思维、谦虚求教都是良好的素养。

老子

做饭的人直不起腰；片面看待问题的人不了解实际；固执的人不明白事理；自作主张的人不会有功劳；骄傲自满的人难以有长进。反之，谦虚才能进步。

炊者不立，自示者不章，自见者不明，自伐者无功，自矜者不长。（《帛·第二十四章》）不自示故章，不自见也故明，不自伐故有功，弗矜故能长。（《帛·第二十二章》）

时空穿梭者

老子，您举的例子更为直观。易经中，谦卦也是唯一六爻皆吉的卦。

老子

谦虚使得高水平的人能够不断发现不足，冷静观察自己，从而臻于完善。

大成若缺，其用不弊。大盈若冲，其用不穷。大巧若拙，大辩若讷，大直若屈。燥胜凉，清胜热。清静为天下正。（《竹·第四十五章》）

时空穿梭者
我不能同意更多。

老子
自满就会固步自封，人人都应该戒除它。

其在道曰余食赘行，物或恶之，故有欲者弗居。（《帛·第二十四章》）

时空穿梭者
亚里士多德，自满是使得人们失去自知之明的主要原因吗？

亚里士多德
倘若人应当为无知负责，则他也应因无知本身受罚。譬如酒后肇事者应加倍受刑：虽然喝酒方使无知，但他本可不喝醉。（《尼各马可伦理学》1113ᵇ）

时空穿梭者
看来人无论是什么原因失去了对自己的认识和把握，就无法培养其他的良好品行。

老子
知道自己不聪明，是难能可贵的；不知道自己不聪明，是不对的。所以圣贤知道自己的缺点，这样就弥补了缺点。

知不知，尚矣；不知知，病矣。是以圣人之不病也，以其病病，是以不病。（《帛·第七十一章》）

时空穿梭者
人贵有自知之明啊。请问对自己的正确认识也来自于我们刚才所说的思辨吗？

亚里士多德
慎思乃是人类最神圣的活动。因此不必在一些次要的或毫无价值的追求上过多地浪费精力，而应当渴求回到善的慎思的源头吸吮甘露。没有慎思的行动是无知的标记，按照理性的引导，完成理性所规定的事情则是有教养的象征，任何明智的人难道对此还存有什么异议吗?

（《亚历山大修辞学》1420[b]）

时空穿梭者

老子,您同意吗?

老子

沉思无为才能好好认识"道"。

孔德之容,唯道是从。（《帛·第二十一章》）

长古之善为士者,必微弱玄达,深不可识。

（《竹·第十五章》）

时空穿梭者

那么请问古人是怎么做的呢?

老子

善于遵从"道"的人谨慎、警觉、恭敬、洒脱、淳朴、宽容。他能通过自己的品行使浑浊变得澄清、寂静显出生气、成功又不自满。

是以为之容:豫乎若冬涉川,犹乎其若四邻,严乎其若客,涣乎其若释,屯乎其若朴,坉乎其若浊。孰能浊以静者,将徐清。孰能庀以往者,将徐生。保此道者不欲尚盈。

（《竹·第十五章》）

时空穿梭者

确实值得我们学习。那么,除了"自知",还要培养什么德性?

亚里士多德

放纵应受谴责,因为这是作为动物具有的感觉。（《尼各马可伦理学》1118[b]）一旦执政的官员们横征暴敛,他们就会彼此倾轧,甚至向培养他们权势的政体发难,他们多占多得的东西全部都来自对百姓的搜刮和对公共财物的侵吞。（《政治学》1302[h]）

时空穿梭者

因此"自制"也是非常重要的品德。老子，您同意吗？

老子

放纵欲望是最深重的罪恶，贪婪是最沉痛的错误，不知足是最严重的祸患，所以人要知足啊。

罪莫厚乎甚欲，咎莫惨乎欲得，祸莫大乎不知足。知足之为足，此恒足矣。（《竹·第四十六章》）

时空穿梭者

请问自知和自制是什么关系？

亚里士多德

我们把过度追求快乐，并且在饥饿与干渴、热与冷等影响我们的触觉和味觉的事物上躲避痛苦的人称为不能自制的人。（《尼各马可伦理学》1148ª）不能自制的人呈现的知识，不是真正的知识，也不是受感情扭曲的知识，而只是感觉的知识。（《尼各马可伦理学》1147ʰ）

时空穿梭者

您的意思是，无知可能带来无节制，但是无节制并不必然是无知造成的。看来我们培养良好品德，既要自己了解自己的缺点，也要克服自己的欲望。

老子

知人者智，自知者明。胜人者有力，自胜者强。知足者富，强行者有志，不失其所者久，死而不亡者寿。（《王·第三十三章》）

时空穿梭者

您说的真好！了解别人的人只是聪明，了解自己才是智慧；战胜别人只是孔武有力，战胜自己才是强者。自制的人才真正富有，勇于践行的人才一直坚定，牢记初衷的人才走得久远，死了但活在人民心中的人才是真正的永恒！如此一来，我们不但知道了如何待己，更知道了应该如何待人。请问两位对于如何待人还有补充吗？

亚里士多德

善于原谅别人时的品质称为体谅，它也是对于公道的事情所做的正确的区分。（《尼各马可伦理学》1143ᵃ）

时空穿梭者

体谅的品格，是什么样的呢？

老子

大小多少，报怨以德。（《王·第六十三章》）

时空穿梭者

体谅就是无原则地原谅他人吗？

老子

不能做稀里糊涂的和事老啊。古人签合同的时候，债主也要保留一半作为证明。看来不是无原则地退让，而是有保留的体谅宽容。

和大怨，必有余怨；焉可以为善？是以圣人执左契，而不责于人。故有德司契，无德司彻。夫天道无亲，恒与善人。（《王·第七十九章》）

时空穿梭者

请问，品质如此高尚的人，会给他人什么印象？

老子

善建者不拔，善抱者不脱，子孙以祭祀不屯。（《竹·第五十四章》）

幻境论道：老子与亚里士多德

时空穿梭者

坚持的人能够成大事，受到子孙的崇敬。

亚里士多德

好人与他人最大的区别在于能从事物中看到真，似乎好人就是事物的尺度和标准。（《尼各马可伦理学》1113ª）

第三节　圆融的沟通：处事与处世

时空穿梭者

刚才我们了解了有修养的人的修行方法，以及他们是如何对待自己和别人的。推而广之，我们想知道他们又是如何做事情，并与整个世界融通无碍的呢？

老子

品行最好的人屈居于低处，心胸开阔，言必有信，为政干练，处事周到，把握时机。

居善地，心善渊，予善天，言善信，政善治，事善能，动善时。（《帛·第八章》）

时空穿梭者

这样就是善人吗？

亚里士多德

善的事物有三类，外在的善、灵魂的善和身体的善。（《尼各马可伦理学》1098[b]、《大伦理学》1184[b]、《欧台谟伦理学》1218[b]、《修辞学》1360[b]）善是唯一，恶则是多（ἐσθλοὶ μὲν γὰρ ἁπλῶς, παντοδαπῶς δὲ καιοί.）。（《尼各马可伦理学》1106[b]）

时空穿梭者

虽然有三种善，但是真正与世界融通的只有一种啊。

老子

昔之得一者，天得一以清，地得一以宁，神得一以灵，谷得一以盈，侯王得一以为天下正。（《帛·第三十九章》）

时空穿梭者

我明白了，您所说的是要坚持唯一正确的道路。

老子

个人修养好的人，就像婴儿一样，百毒不侵，虽然柔弱，但是集天地精华，与天地一同吞吐呼吸。

含德之厚者，比于赤字，蜂虿虺蛇不螫，攫鸟猛兽弗扣，骨弱筋柔而捉固，未知牝牡之合然怒，精之至也。（《竹·第五十五章》）

时空穿梭者

那么我想问一下，有修养的人是具备了哪些善的品格，才能与世界融通无碍的呢？

亚里士多德

某种恶的相反者，可能既是一种善，又是某种恶，例如，"不及"是恶，它的相反者"过度"也是恶，而"中庸"（μεσότης）是一种善，但它与这两者是在同样程度上的相反者。（《范畴篇》14ᵃ）

时空穿梭者

您的意思是说，处事成功的第一要务，是凡事适度，不可偏激？老子，您同意吗？

老子

终日乎而不忧，和之至也，和曰常，知和曰明，益生曰祥，心使气曰强。物壮则老，是谓不道。（《竹·第五十五章》）

时空穿梭者

原来他们懂得事物的尺度，超过度就是违反道的原则了。

亚里士多德

幸福的生活在于无忧无虑的德性，而德性又在于中庸，那么中庸的生活必然就是最优良的生活——人人都能达到的这种中庸。（《政治学》1295ᵃ）

老子

其至也，谓：天毋已清将恐裂，地毋已宁将恐废，神毋已灵将恐歇，谷毋已盈将竭，侯王毋已贵以高将恐蹶。（《帛·第三十九章》毋已，同"不已"，无休止。）

时空穿梭者

看来长期保持同一种形态是不好的，物极必反。东边日出西边雨的才是天，大漠长江的才是地，可知又不可知的才是神灵，潮涨潮落的才是流水，有升有降的才是王侯的生活。既然自然界是这样，那么人也是这样的吧。亚里士多德，您同意吗？

亚里士多德

不及和过度都会毁灭德性。锻炼太多和太少都会损伤体力。吃得过多或过少都会有害健康。什么都怕的是懦夫，什么都不怕的是莽汉。毫无节制的是放纵，一切回避的是冷漠。（《尼各马可伦理学》1104ᵇ）

时空穿梭者

人人都能达到吗？

老子

事物高低贵贱是相辅相成的。王侯自称寡人只是深明道理，甘于低位。所以不做华贵的玉器，而要做磊落的石头。明白事物的尺度，才能平衡损益的分寸。

故必贵以贱为本，必高矣而以下为基。夫是以侯王自谓"孤"、"寡"、"不穀"，此其贱之本欤？非也？故致数誉无誉。是故不欲禄禄若玉，硌硌若石。（《帛·第三十九章》）

人之所恶，唯"孤"、"寡"、"不穀"，而王公以为称。故物或损之而益，或益之而损。（《王·第四十二章》）

时空穿梭者
做人要低调啊。

老子
做人处事正如百川入海。引发了从无到有的变化就应当适可而止,以防危险。

始制有名。名亦既有,夫亦将知止,知止所以不殆。譬道之在天下也,犹小谷之与江海。(《竹·第三十二章》)

时空穿梭者
做人要当心啊。

老子
身后有余要缩手,锋芒太露不长久,家财万贯难保守,富贵骄横留祸根,因此事情圆满之日就是个人收敛之时。

持而盈之,不如其已。揣而允之,不可长葆也。金玉盈室,莫之能守也。富贵而骄,自遗咎也。功遂身退,天之道也。(《帛·第九章》)

时空穿梭者
谢谢您的忠告。那么哪些方面具体体现了"中庸之道"呢?

亚里士多德
勇敢是恐惧与信心之间的适度,恰当的勇敢是敢于面对高尚之死或突发事故之险。(《尼各马可伦理学》1115ª)

时空穿梭者
勇敢的中庸体现在哪里呢?

老子
勇于敢则杀,勇于不敢则活。此两者,或利或害。天之所恶,孰知其故?(《帛·第七十三章》)

时空穿梭者
敢于承认失败比勇敢更伟大。中庸还体现哪些方面呢?

老子
曲则全,枉则定。洼则盈,敝则新。少则得,多则惑。(《帛·第二十二章》)

时空穿梭者
您的意思是,要避免偏激?

亚里士多德
有些人给别人抓痒,自己就不怕被抓了。与之相同,有些人能预见未来,并早做防备,提高自己的"道",以便经受冲击。急躁的人和激动的人都易于冲动而无法自制。前者急于求成,后者忘乎所以,激动得忘了"道"。无此品质,他们只能认识事物的表象了。(《尼各马可伦理学》1150ᵇ)

时空穿梭者
看来处事要经得起诱惑。

老子
做人要稳重、安详。如同出门在外的人不离行李,处于喧闹的酒肆仍安然自若。统治者更是要经受诱惑,抓大放小。

重为轻根,静为躁君。是以君子终日行,不远其辎重;虽有环馆,燕处则昭若。若何万乘之王,而以身轻于天下?轻则失本,躁则失君。(《帛·第二十六章》)

时空穿梭者
但是人们总经不起诱惑啊。

老子
做人不能图方便,走捷径,要顺其自然慢慢来呢。

是以圣人欲不欲,不贵难得之货;学不

学，复众人之所过。以辅万物之自然，而不敢为。(《王·第四十七章》)

时空穿梭者
中庸还体现在哪里呢？

亚里士多德
胸襟广大（μεγαλοψῡχία）之人对他人给予的重要荣誉只有适度的喜悦。他不满足于声誉，也不担心耻辱。(《尼各马可伦理学》1124ᵃ)

时空穿梭者
要淡泊名利？

老子
名与身孰亲？身与货孰多？得与无孰病？甚爱必大费，厚藏必多无。故知足不辱，知止不殆，可以长久。
(《竹·第四十四章》)

时空穿梭者
除了中庸，我们还要注意什么？

老子
上善若水。水善利万物而不争，处众人之所恶，故几于道。(《王·第八章》)

时空穿梭者
原来要柔软如水啊。亚里士多德，您同意吗？

亚里士多德
有些人缺乏抵抗大多数人能忍受痛苦的能力，此之谓柔弱。这样的人碰到罩袍掉在地上，仍懒得提起，或装病不提，他不明白装苦亦苦。奇怪的是，有些人既非天性、也非生病，竟也在大多数人能忍受的事物上屈从。消遣也非放纵，而是软弱。消遣是休息、松懈，所以

沉溺其中是过度松懈。(《尼各马可伦理学》1150ᵇ)

时空穿梭者
老子,您有什么要反驳的吗?

老子
人活的时候是柔软的,死了才僵硬。草木也是这样。所以说,"坚强是死亡,柔弱才图强"。所以说凡事不能强求,要崇尚柔软。

人之生也柔弱,其死也坚强。万物草木之生也柔脆,其死也枯槁。故曰:"坚强,死之徒也;柔弱,生之徒也。"是以兵强则不胜,木强则兢。故强大居下,柔弱居上。(《帛·第七十六章》)

时空穿梭者
您的意思是柔弱是生命的象征,所以符合"天道"。

老子
原来水不但屈居于低洼之处,而且还默默支持万物;虽然至柔,但是能战胜刚强,果然接近完美啊。

天下之至柔,驰骋天下之至坚。无有入无间,吾是以知无为之有益。(《王·第四十三章》)天下莫柔弱于水,而攻坚强者莫之能胜,以其无以易之。(《王·第七十八章》)

时空穿梭者
以柔克刚?

老子
弱之胜强,柔之胜刚,天下莫不知,莫能行。是以圣人云:"受国之垢,是谓社稷主;受国不祥,是为天下王。"正言若反。(《王·第七十八章》)

时空穿梭者

看来是否"贵柔"，是东西文化的重要差异啊。那么做人处世总的原则是怎么样的呢？

老子

知其雄，守其雌，为天下溪。为天下溪，恒德不离。恒德不离，复归婴儿。知其白，守其辱，为天下谷。为天下谷，恒德乃足。恒德乃足，复归于朴。知其白，守其黑，为天下式。为天下式，恒德不忒。恒德不忒，复归于无极。朴散则为器，圣人用则为官长，夫大制无割。（《帛·第二十八章》）

时空穿梭者

原来甘于下风、乐处不利、谦虚谨慎，才能保持良好品德，回到原初状态。从而心胸宽广，从容治国。

时空穿梭者

请问您所处的时代，百姓的存活率高吗？

老子

生之徒十有三，死之徒十有三。而民之生生而动，动皆之死地，亦十有三。（《傅·第五十章》）

时空穿梭者

原来夭折的、长寿的、善终的各占三分之一啊。那么，为什么有些人能长寿呢？

老子

因为他们养生。

以其生生之厚也。（《傅·第五十章》）

时空穿梭者

那他们是如何养生的呢?

老子

我听说善于养生的人,走路不会被猛兽咬,大战不会被敌方伤到。因为犀牛不会用角顶他,老虎爪子也抓不到他,敌人有到也没地方砍。为什么呢? 因为他的内心没有处于危险的地方。

盖闻善摄生者,陆行不遇兕虎,入军不被甲兵。兕无所投其角,虎无所措其爪,兵无所容其刃。夫何故也? 以其无死地焉。(《傅·第五十章》)

时空穿梭者

原来守"道"的人,凶险自然而然就离开了他啊。请问有道的人,有什么特点呢?

老子

事物在开始的时候容易把握、计划、利用和管理。所以,早作打算才能长久。

其安易持,其未兆易谋。其脆易泮,其微易散。为之于未有,治之于未乱。(《王·第六十四章》)

时空穿梭者

嗯,首先他们知道要未雨绸缪。

老子

要一步一个脚印踏实做事,不夸大其词随意承诺。

图难于其易,为大于其细。天下难事必作于易,天下大事必作于细,是以圣人终不为大,故能成其大。夫轻诺必寡信,多易必多难,是以圣人犹难之,故终无难矣。(《王·第六十三章》)

时空穿梭者

嗯,其次他们做事符合有易到难的道理。

老子

即使快要成功了也不能焦躁,而要坚持。

民之从事，常于几成而败之。慎终如始，则无败事。（《王·第六十四章》）

时空穿梭者

嗯，最后他们总是能坚持到底。非常感谢二位的教诲。

老子

（摇摇手）信言不美，美言不信。知者不博，博者不知。善者不多，多者不善。（《帛·第八十一章》）

时空穿梭者

（与亚里士多德作揖）再好的道理也要看具体适用的情况，明白了。

终　章

终南山前，彩云皱起，天晴欲开。亚里士多德略有倦容，老子则抚琴自乐，长袖法衣与《霓裳羽衣曲》仙乐同在风中飘摇。

时空穿梭者：昨夜是我此生最可贵之日，与两位聊了宇宙观、方法论、治国理念与人生修为。让我再回顾一下吧。首先，两位心中的宇宙是什么样子的呢？

老子捋动白眉，笑道：

世间万物本虚无，橐龠中空势不俗。

阴阳冲和精气道，一二生三演化途。

天长无功自长久，宗渊有象溯太初。

抑高扬止遂标的，观复宇宙吐纳舒。

亚里士多德高举竹杖，也朗声道：我也学着来一首。

宇宙静止两极通，天道浑圆位不同。

火气水土纯元素，以太奔腾铸苍穹。

恒星七子携明月，万物为一贯始终。

空间有限时无限，阴晴何妨望彩虹。

时空穿梭者：善哉善哉，宇宙观的要点都在这里了。那两位能对方法论做个总结吗？

老子翻转阴阳环，说道：

　　身乡家国知天下，可道可名皆不恒。
　　微希夷处心存道，状象无时意最诚。
　　辐毂牖室直由空，长短高下反相成。
　　上德若谷循昧退，以柔克刚大音声。

亚里士多德拍了拍长袍，道：我再来试一试。

　　混沌初开迹难寻，分析经验可求新。
　　徒依感觉心生厌，反思理性犹在勤。
　　论证真伪分三段，结论信疑问四因。
　　对立之物虽转化，中间难谓两极侵。

时空穿梭者：善哉善哉，亚里士多德你果然学得快啊。

亚里士多德端坐在巨石上，道：终南山真是好地方，我感觉心情平和多了。我的治国理念也可以总结呢。大致是这样的：

　　夫妻主仆本天伦，青年从军过庙门。
　　君王失德堕僭主，共和乱政制平民。
　　权自法律去私欲，世居城邦与重孙。
　　海陆并重先贸易，情操高尚育后人。

老子一边听，一边慢悠悠地舞起了太极剑，金云履闪闪发光。一套剑法操练下来，他轻弹拂尘道：

　　人道损益补有余，天道恢恢圣人居。
　　不信亦信方得善，恒心无心耳目舒。
　　清静无为纳川海，焦躁莫学脱渊鱼。
　　小邦寡民惟鸡犬，结绳乐业忘舟车。

时空穿梭者：善哉善哉，老子点拨得好！那最重要的个人修为，又要注意什么呢？

亚里士多德站起身，来回踱步，草鞋在泥路中落

下扎实的印记。片刻,他抬起头来说:

> 禀赋殊异皆至善,习惯教育各生半。
>
> 物质政治虽享受,幸福荣耀惟思辨。
>
> 长缺努力难成功,贵有自知渐灿烂。
>
> 慎思表象与柔灵,融通世界心不散。

老子:

> 上德不德以有德,先慈后俭后为知。
>
> 载魄抱一柔专气,治国民众贵守雌。
>
> 赘行余食物或恶,清静若屈乃大直。
>
> 不贵难得辅万物,明白守黑天下式。

时空穿梭者: 感谢两位分门别类的总结,那么可以总结一下自己的观点吗?

老子: 道汜呵,其可左右也,成功遂事而弗名有也。万物归焉而弗为主,则恒无欲也,可名于小。万物归焉而弗为主,可名于大。是以圣人之能成大也,以其不为大也,故能成大。(《帛·第三十四章》)故物或行或随,或嘘或吹,或强或羸,或挫或堕,是以圣人去甚、去奢、去泰。(《傅·第二十九章》)修之身,其德乃真;修之于家,其德有余;修之乡,其德乃长;修之于国,其德乃丰;修之于天下,其德乃溥。(《帛·第五十四章》)恍呵其未央哉!众人熙熙,若飨于太牢而春登台;我泊焉未兆,若婴儿未咳;累呵似无所归。众人皆有余,我独遗我,愚人之心也,沌沌呵。俗人昭昭,我独若昏呵。俗人察察,我独闷闷呵。忽呵,其若海;恍呵,若无所止。众人皆有以,我独门顽以鄙,吾欲独异于人,而贵食母。(《帛·第二十章》沌,心乱。)吾言易知也,甚易行;而天下莫之能知也,莫之能行也。(《帛·第七十章》)

亚里士多德: 古往今来,人都是因为好奇而开始思考哲学的,惑生于目前,而思及于天外。疑窦丛生,遂知无知。为使有知，而亲哲思。哲思之用，并非实用，故为无用。正如只有为自己而存在的人才是自由人，只有哲学在科学是自由的科学。（《形而上学》982^b）探索真理，似难似易，无人不知、无人全知。人人讨论自然，可谓众人拾柴火焰高。正如俗语所谓"入门不难"。由此观之，略知不难。全知之难在于一则于事物全面、本质之真理难见，二则吾等灵魂可否探索真理。（《形而上学》993^a–993^b）

时空穿梭者： 诚如所言："我的话语现在对您来说就像年少的孩子，或许会因无助而贫穷，但幸得您的帮助而得舒适；但当这孩子成年以后，将会为您赢得极高的荣誉。"（《亚历山大修辞学》1421^a）正所谓："合抱之木，生于毫末；九层之台，起于累土；千里之行，始于足下。"（《王·第六十四章》）幸甚至哉! 正是：

长空风静月华明，命驾蛟龙达上清。

富比三千银世界，贵登十二锦官城。

金真妙曲金童唱，玉蕊仙花玉女擎。

满座玉炉香未熄，堂前观听步虚声。

（道曲《长空风静月华明》）

图书在版编目（CIP）数据

幻境论道：老子与亚里士多德／瑀欣编著. —上
海：上海古籍出版社，2015.7
（咖啡与茶）
ISBN 978-7-5325-7710-1

Ⅰ.①幻… Ⅱ.①瑀… Ⅲ.①老子—哲学思想—研究
②亚里士多德（前384～前322）—哲学思想—研究 Ⅳ.
①B223.1②B502.233

中国版本图书馆 CIP 数据核字（2015）第 150973 号

咖啡与茶
幻境论道：老子与亚里士多德

瑀欣　编著

上海世纪出版股份有限公司
上海古籍出版社　　　　出版发行
（上海瑞金二路272号　邮政编码200020）
（1）网址：www.guji.com.cn
（2）E-mail：guji1@guji.com.cn
（3）易文网网址：www.ewen.co

发行经销　上海世纪出版股份有限公司发行中心
制版印刷　上海丽佳制版印刷有限公司
开本　889×1194　1/36
印张　4　插页1　字数100,000
印数　1-4,300
版次　2015年7月第1版
　　　2015年7月第1次印刷
ISBN　978-7-5325-7710-1/G·618
定价　29.00元